AVIS AU PEUPLE

SUR L'AMÉLIORATION DE SES TERRES ET LA SANTÉ DE SES BESTIAUX.

SECONDE PARTIE.

Sola est medicina, quâ opus est omnibus.
Quintil. declamat. 268.

À AVIGNON,

Chez J. J. NIEL, Imprimeur-Libraire,
rue de la Balance.

M. DCC. LXXV.

AVIS AU PEUPLE
SUR
L'AMÉLIORATION DE SES TERRES
ET
LA SANTÉ DE SES BESTIAUX.

SECONDE PARTIE.
Des Bestiaux & de leurs maladies.

OBSERVATIONS PRÉLIMINAIRES.

Es Auteurs vétérinaires dont M. Vitet a parlé dans ses ouvrages, & qu'il a trouvé excellens sont : Mémoires de l'Académie des Sciences de Paris : *Acta Physic. Medic. Academiæ Cæsareæ Naturæ curiosorum* : *Acta Medicorum Berolinensium in incrementum Artis & Scientiarum collecta* :

Acta Helvetica Physic. Math. Botanico-Medica : Acta Societatis Regiæ Scientiarum Upsuliensis : Acta Societatis Regiæ Londunensis : Linneus.

Ceux qu'il a jugé bons sont : Jugement de la Faculté de Paris, sur les Mémoires qui courent touchant la mortalité des bestiaux, vol. *in-4.* : Réflexions sur la maladie qui a commencé depuis quelques années à attaquer le gros bétail en divers endroits de l'Europe, par la Société des Médecins de Geneve, &c. vol. *in-12.*

Les médiocres sont : Jean Æmilian, vol. *in-4.* : Pascal Carroccollo, 2 vol. *in-fol.* : *Artis Equestris Accuratissima institutio*, 3 vol. *in-fol.* : George Sim. Vinteri, vol. *in-fol.* : Cristophe de Jussieu, vol. *in-12.* : Herment, Médecin du Roi, vol. *in-4.* : Lettres d'un Médecin de Paris à un Médecin de Provence, vol. *in-8.* : Mortimer, 4 vol. *in-12.* : Chanvalon, vol. *in-12.*

Les mauvais sont : un vol. *in-8.* imprimé à Venise en 1547, qui a pour titre en langue italienne : la manière de traiter les maladies des chevaux : Jean Vincent, vol. *in-8.* : Jean Hernard, vol. *in-4.* : Cæsar Fiarchi, vol. *in-4.* : Antoine Cito, vol. *in-4.* : René de Menon, vol. *in-12.* : Le Maréchal François, vol. *in-4.* : Dumesnil, vol. *in-4.* : Nicolas Beaugrand, vol. *in-8.* : Lepinai, vol. *in-4.* : François Liberali, vol. *in-4.* : Nicolas Hobokeni, vol. *in-12.* : l'Ecuyer François, vol. *in-8.* : le Manuel du Cavalier, vol. *in-12.* : l'Agronome, 2 vol. *in-8.* : Harput :

sur la Santé de ses Bestiaux.

le Gentilhomme Cultivateur: le bon Fermier, vol. *in*-12.: la bonne Fermiere, vol. *in*-12.: Recette pour la maladie des Bestiaux, vol. *in*-16. Geneve.

Ceux qu'il a analysé sont: *Vegece*; il trouve dans ses ouvrages beaucoup d'erreurs sur la description des maladies & leur curation.

La Médecine vétérinaire de *Ruellii*, qui n'est pas digne de sortir de l'oubli où elle est plongée depuis deux siécles.

Gesner, qui a recueilli les écrits des anciens, dont on ne peut tirer que très-peu d'avantage.

Aldrovende n'a fait que transcrire, sur la maladie des bestiaux, quelques anciens, *Vegece* & *Ruell*.

Ruini, qui a fait des erreurs grossières dans la description des maladies & leur curation, en ne fondant sa pratique que sur des médicamens échauffans & huileux.

Jourdain, qui n'a pas mieux réussi, qui croit à l'influence des astres sur les animaux, qui décrit quelquefois les maladies des hommes pour celles des chevaux.

Le *Grand Maréchal François*, qui est d'un mérite encore inférieur.

Delcampe, dont partie des remedes qu'il a prescrits, ne méritent pas d'être rapportés.

Conrard Peire, sur la rumination des bestiaux, ouvrage utile, mais ennuyeux par la prolixité.

Gerard Blasius, sur l'anatomie, sera toujours un ouvrage estimable aux curieux.

Soleifeil, qu'il a qualifié d'illuſtre par les ſervices qu'il a rendus à l'art vétérinaire, Praticien très-inſtruit, multiplie trop les remedes pour chaque eſpèce de maladie; il étoit perſuadé que les rafraîchiſſans portoient préjudice aux chevaux, même à ceux qui étoient attaqués de maladie inflammatoire, & que les remedes échauffans étoient analogues au tempérament des chevaux, ce qui l'a induit en erreur dans le traitement de pluſieurs maladies.

Lanciſi eſt un auteur dont la réputation ſurpaſſe le mérite.

Carbon de Beſgrieres, preſcrit une infinité de remedes qui ne répondent point à l'indication des maladies.

André Galike mérite des éloges, pour un traité qu'il a fait ſur la peſte.

Snape, Anglois, traduit par M. Garſault, eſt un bon livre ſur l'anatomie, quoiqu'avec beaucoup de fautes, & M. Garſault mérite à tous égards l'éloge des Savans & l'eſtime publique.

Gaſpard Saunier; il auroit mieux valu pour ſa gloire, qu'au lieu de dire que ſon livre étoit le fruit, le travail de la vie entière de ſon pere & de lui, il eût démontré qu'il étoit verſé dans l'anatomie & le traitement des maladies; mais il ſemble qu'il s'eſt efforcé de prouver le contraire.

Le Comte de Newcaſtle, ſur l'équitation, les haras, a fait un livre admirable.

La Connoiſſance parfaite des chevaux, eſt un livre juſtement plongé dans l'oubli.

Bernard Valentini a fait un livre qu'il faut ranger au nombre des inutiles.

Le Parfait Cocher auroit mieux fait de ne jamais écrire, ou de supprimer son ouvrage.

Bernard Monchard, sur l'épidémie de 1745, ne l'a décrite que très-imparfaitement.

Abraham Ens, sur la maladie épidémique de 1746, a fait un excellent ouvrage.

Bourgelat a fait des merveilles dans tous ses ouvrages; sa matière médicale est très-intelligible & utile aux artistes.

Buffon & d'Aubanton. Ceux qui aiment l'art vétérinaire doivent les suivre pas à pas.

Chesner, sur les haras, n'a rien ajouté aux écuyers qui l'ont dévancé.

Lafosse pere; ses observations sont très-instructives.

Le Nouveau Parfait Maréchal par Garsault, quoiqu'avec beaucoup de fautes, occupera toujours un rang distingué.

Hastfer, ses ouvrages sont dignes de l'admiration du public, quoiqu'avec plusieurs fautes.

Lugard a traité de la maladie épidémique, régnant en Angleterre en 1757; il auroit pu simplifier les remedes dont il s'est servi.

L'Encyclopédie, dans l'exposition des animaux, de leurs maladies & de leur curation, rassemble les connoissances des plus savans hommes.

Ronden, ses observations sur des articles de l'Encyclopédie, concernant la maréchalerie, annoncent le praticien expérimenté & l'auteur impartial.

Reinier, sur la maladie épidémique, connu sous le nom de Louvet, est digne de la réputation dont il jouit.

Pleneis, sur la maladie épidémique de 1761, a fait un excellent ouvrage fondé sur l'expérience.

On doit suivre les sages conseils de l'auteur des considérations sur les moyens de rétablir en France les bonnes espèces de bêtes à laine, & son instruction sur la manière d'élever & perfectionner la bonne espèce.

La Médecine des Chevaux, à l'usage des laboureurs, n'est qu'une copie peu exacte.

La Nouvelle Maison Rustique, jouit de beaucoup de célébrité à juste titre.

Michel Sagard, a parfaitement détaillé l'épidémie qui régnoit en Moravie en 1764, & donné les remèdes curatifs.

Bruand, son mémoire sur les maladies contagieuses & épidémiques des bêtes à laine, a eu l'approbation d'une Académie célèbre.

Le Gentilhomme Maréchal, traduit de l'Anglois par *Dupuy d'Emportes*, ne paroît pas être goûté par M. Vitet.

Boutrole, n'a rien d'intéressant dans le parfait Bouvier, qu'une dissertation sur la morve, par Malouin.

Le Cler, sur les maladies contagieuses du bétail, a fait un bon ouvrage.

Barbeiret, de même.

Le Guide du Maréchal, par Lafosse fils, est exact, succint & clair ; le traitement des maladies en est sage, peu dispendieux & facile.

Sind, n'a pas donné distinctement & exactement le caractère essentiel de chaque maladie, & les remèdes sont trop compliqués.

Les Démonstrations Elémentaires de Botanique, sont excellentes.

Le Dictionnaire Economique de Chomel, est un recueil d'excellent, de bon, de médiocre & de mauvais.

D'Aubenton, son Mémoire sur la rumination des bêtes à laine, a une mauvaise théorie & une mauvaise pratique.

L'Essai sur les Haras, n'est pas d'un homme de lettres, d'un écuyer, ni d'un maréchal instruit.

Huvel, ses dissertations sur le farcin, se réduisent à une connoissance de ce que les auteurs les plus célèbres ont écrit sur le farcin ; on attend tous les jours le Breuvage Antifarineux qu'il a promis.

OBSERVATIONS GÉNÉRALES
concernant les Maladies des Bestiaux.

IL faut tenir les étables & les écuries propres, & les parfumer avec le genièvre & le soufre, ou avec du fort vinaigre qu'on répandra sur une pêle bien chaude.

Il faut avoir grand soin de séparer les bêtes malades d'avec les saines, & abreuver celles-ci autant qu'on pourra dans l'eau courante, & les priver de tout fourrage corrompu.

Lorsqu'une bête malade est morte, il faut l'enterrer dans une fosse profonde.

Les artères battent ordinairement à un bœuf bien portant, jusques à trente-six ou trente-huit fois par minute ; de-là on peut juger du degré de fièvre d'un malade : si l'artère ne bat qu'un tiers plus vîte, elle n'est pas extrêmement forte. Quand cette augmentation est d'une moitié, elle est forte & très dangereuse, & presque mortelle quand le battement ordinaire est double.

Les artères du cheval adulte battent environ quarante fois dans une minute, & les artères de la brebis environ soixante fois.

La langue est encore une boussole qu'il faut consulter pour juger de l'intensité de la maladie, & quelquefois de son caractère ; malheureusement les ignorans s'attachent plutôt à toucher les égumens, les naseaux, les oreilles & les cornes ; à considérer les yeux, les flancs & le ventre, qu'à regarder la langue & à toucher l'artère.

L'animal en parfaite santé a la langue fraîche, vermeille & d'une couleur tirant sur le rose pâle ; si elle s'éloigne de cet état, on doit aussitôt y faire attention pour juger jusques à quel point les fonctions digestives & vitales peuvent être.

Lorsque la langue prend de la blancheur l'appétit diminue ; plus elle devient blanche & limoneuse, plus le dégoût augmente : dans ce cas on ne doit jamais saigner, & donner au cheval de l'extrait de genièvre, du son humecté d'eau saturée, de sel marin, de l'assa fœtida renfermé dans un nouet ; à la brebis, du sel mêlé avec du son ; au bœuf, une salade apprêtée avec beaucoup de sel, peu d'huile & de vinaigre, & si cela ne réussit pas, il faut administrer un breuvage purgatif composé d'aloës délayé dans une infusion de feuilles d'absinthe, présenter moins de nourriture, donner de l'eau pure pour boisson, & procurer à l'animal un exercice modéré.

La langue sèche & d'un rouge âcre, est ordinairement accompagnée d'une grande altération, de l'agitation du pouls, de difficulté de respirer, & d'une urine peu abondante, plutôt trouble que limpide.

Pour remédier aux accidens qu'elle paroît présenter, il faut faire boire abondamment de l'eau blanche nitreuse, ou de l'eau miellée ; réitérer les lavemens composés d'une décoction d'orge & de nitre, ou de plantes fraîches & mucilagineuses ; éloigner tous les échauffans, & laisser l'animal tranquille ; changer souvent de litière & le faire baigner ; si les chaleurs sont vives, il faut saigner à la veine jugulaire ceux qui abondent en sang, éloigner les purgatifs, les acides minéraux & végétaux à trop haute dose, l'eau vive & froide & le foin fertile en plantes aromatiques.

La langue jaune annonce qu'il faut chercher à rétablir les fonctions du foie ; les purgatifs, excepté l'aloës & la rhubarbe, doivent être rejettés, encore faut-il n'avoir éprouvé aucun bon effet des feuilles de chélidoine, d'aigremoine, de fumeterre & de chicorée ; car souvent cette couleur se dissipe d'elle-même, ou par le moyen de la diète, de l'exercice modéré & de quelques lavemens.

La langue noirâtre & séche, annonce que les forces musculaires sont affoiblies, que l'appétit est détruit & les forces vitales diminuées, & ne donnez jamais des purgatifs. Donnez au bœuf, le petit lait, les breuvages nitreux & acidules ; au cheval, la boisson blanche nitreuse, les bols de camphre & de nitre, l'infusion d'absinthe saturée de crême de tartre ; au mouton, de la crême de tartre mêlée avec le sel marin, & pour boisson une petite quantité d'eau blanche un peu salée.

La diète dans les maladies fébriles est le premier remède & le plus essentiel. On la divife en trois, la diète tenue ou rigoureufe doit fervir de boiffon & de nourriture, & confifte à l'eau blanchie avec un peu de fon, une légere infufion de racine de regliffe ou de guimauve : s'il y a vive chaleur & inflammation, on y ajoutera ou de nitre ou de crême de tartre, & fi la refpiration eft gênée, du miel.

La diète médiocre admet deux ou trois livres de fon, par jour, au cheval & au bœuf, & à proportion à la brebis.

La diète pleine fe borne à laiffer manger au malade la moitié des alimens, dont le malade a accoutumé de fe nourrir en parfaite fanté.

Lorfque la fiévre eft à fon dernier degré d'accroiffement, il faut rendre l'eau blanche plus nutritive, en y délayant de la farine ou une plus grande quantité de fon.

En général, il faut obferver que plus la fiévre a d'intenfité, plus la diète doit être tenue.

Dans ces maladies, il faut éloigner tout breuvage irritant & échauffant, tel que le vin, &c.

Dès que l'animal commence à fe remettre, on le ramenera peu à peu à fa nourriture ordinaire.

Il ne faut jamais faigner le malade après le quatrième jour de la maladie fébrile.

Par ignorance les maréchaux & autres, faignent dans quelque efpèce de fiévre que ce foit.

Si l'animal eft à la fleur de fon âge, fi

son pouls est plein, s'il a les veines gonflées, les yeux rouges, enflammés, les cornes chaudes ; s'il y a de difficulté de respirer considérable, saignez sur le champ ou à la veine jugulaire ou ailleurs.

Si l'animal est âgé ou trop jeune, s'il est foible, maigre, exténué de fatigue, s'il a diarrhée ou dissenterie, s'il sue beaucoup, si le ventre est extrêmement tuméfié, s'il éprouve un froid général, ne pratiquez point la saignée.

Ne suivez jamais la pernicieuse méthode des maréchaux, de purger l'animal fébricitant après la saignée, ce qui en fait périr un grand nombre, parce que les bestiaux éprouvent rarement de bons effets des purgatifs dans les maladies fébriles, excepté dans les fiévres continues, encore faut-il ordinairement préférer pour le cheval les lavemens purgatifs : si la fiévre les exige absolument, purgez au commencement de la maladie, s'il n'existe ni tension ni inflammation dans les premieres voies, & si la fiévre n'est pas aigue.

Dans l'accroissement ils sont accompagnés de mauvais succès, tenez vous-en aux lavemens composés de doux purgatifs.

Pour une fiévre qui se terminera par les urines, les selles & l'expectoration, il y en a quatre qui se dissiperont par les sueurs ; l'état des urines annonce toujours quel sera l'effet des sueurs ; si elles sont en petite quantité, rouges & troubles, la sueur sera avantageuse ; au contraire, si elles sont abondantes, aqueuses & transparentes, la crise sera imparfaite : dans le premier cas, entretenez la sueur par des boissons un peu mucilagineuses & tiedes, & dans le deuxième, excitez-la par des boissons légérement sudorifiques, particulièrement si la fiévre est vers son déclin.

Il ne faut jamais administrer les sudorifiques dans les commencemens des maladies, ils augmentent les symptômes & font périr l'animal le troisième ou cinquième jour.

Lorsque la nature paroît incertaine sur la voie qu'elle veut faire tenir à la matière fébrile, appliquez les vessicatoires, surtout dans les fiévres malignes & avec éruption, & lorsque les forces vitales sont abattues & que l'éruption tarde à se montrer ou menace de disparoître.

Ne les appliquez jamais sur les animaux attaqués de fiévre, où les humeurs des premières voies tendent vers la putréfaction, ni dans les fiévres accompagnées d'une chaleur excessive & qui arrivent pendant l'été, encore moins dans les fiévres avec mouvement convulsif.

Toute fiévre se termine par quelque évacuation sensible, l'agitation continuelle de l'animal, la sécheresse des matieres fécales, la tension légére du ventre, la sécheresse de la peau, l'envie fréquente d'uriner, annoncent que la crise va s'exécuter du côté des urines.

Si les tégumens se relâchent, s'échauffent ; si les extrêmités, les épaules & les cuisses deviennent chaudes & moites ; si le pouls est plein & souple, attendez-vous à une sueur critique, surtout si les urines sont en petite quantité & si le ventre est resserré.

Les borborygmes, la tuméfaction plus ou moins douloureuse de l'abdomen, l'agitation continuelle du corps, sont les signes avant-coureurs d'une crise par les selles.

La respiration laborieuse, les yeux rouges & gros, les expirations fortes & souvent sonores, avec expulsion des matieres contenues dans le nez, annoncent la crise par l'expectoration.

Le praticien qui connoît la route que la nature veut faire tenir à la matiere fébrile, doit administrer les remedes propres à la seconder.

Dans toutes les maladies malignes & épidémiques, tous les auteurs sont d'accord que les setons avec l'ellébore sont du plus grand secours, & ceux faits avec les crins détaillés ci-après, sont un préservatif qui a rarement manqué.

Pendant la derniere épizootie qui a régné en Silésie, les riches propriétaires préserverent leur bétail au milieu de toutes sortes de bestiaux malades, en donnant tous les matins à chaque bête sur une tranche de pain, autant de sel & des graines de geniévre en poudre qu'on peut en prendre entre les cinq doigts ; il n'en mourut pas une seule de celles qui furent ainsi traitées.

Dans les campagnes de Brunfwick, le village de Ruhme fut exempt de l'épidémie qui les ravageoit, par les précautions de faire saigner leur bétail, de leur donner le préservatif précédent, & de leur frotter les naseaux avec un pinceau trempé dans du baume de soufre. Tous les villages voisins perdirent leurs bestiaux, tandis qu'il ne mourut pas un seul animal dans celui-ci.

On a remarqué qu'il n'y a jamais eu de maladie épisootique dans les endroits où il y a des salines, & que les eaux & les herbes sont imprégnées de sel.

M. Tolle, Curé de Bordenace dans l'Hanovre, a préservé tout son troupeau par le simple usage du sel, & toutes les étables du voisinage ont été infectées excepté la sienne.

Un agriculteur du même pays a fait venir six Suisses pour gouverner ses vaches, distribuées en troupeaux d'environ 80 bêtes.

A six heures du matin ces Suisses vont, après avoir nettoyé les auges, donner à chaque vache autant de sel qu'il peut en tenir entre quatre doigts, ils le leur mettent même dans la gorge; ensuite on donne à chaque bête trois ou quatre livres de foin : on les trait, on les mene boire, & pendant ce tems-là on nettoie l'écurie. Au retour, chaque vache a deux livres de paille de toute espèce; point de paille hachée ou de grain égrugé, ou de mare, &c. A six heures du soir on commence le même repas; le sel l'ouvre, & le reste. Ce bétail prospére merveilleusement.

Tous ces faits, & mille autres, confirment une vérité très-constante, & très-anciennement & inutilement connue, (malgré tout ce qu'en dit M. Carlier dans ses ouvrages;) qu'il faut indispensablement, & sous peine de l'anéantissement du bétail, leur donner du sel.

Suivant les expériences du fameux M. Linné, la ciguë fait mourir les vaches & sert de nourriture aux chevres; l'acomit ne fait point de mal aux chevaux & tue la chevre; les amandes ameres causent la mort au chien; le persil tue le perroquet & nourrit le porc; le poivre fait mourir le cochon & ne fait pas cet effet sur les brebis.

Les pâturages marécageux sont toujours nuisibles aux brebis.

Les bœufs, suivant cet Auteur,
mangent . . . 276 plantes, refusent 218
Les chevres . 499 126
Les brebis . . 387 141
Les chevaux . 262 212
Les porcs . . 172 171

CHAPITRE PREMIER.

Du Cheval & de ses maladies.

LA plus noble conquête, dit M. Buffon, que l'homme aye jamais pu faire, est celle de ce fier & fougueux animal, qui partage avec lui les fatigues de la guerre & la gloire des combats. Aussi intrépide que son maître, le cheval voit le péril & l'affronte; il se fait au bruit des armes, il l'aime, il le cherche & s'anime de la même ardeur. Il partage aussi ses plaisirs à la chasse, aux tournois, à la course. Il brille, il étincelle; mais docile autant que courageux, il ne se laisse point emporter à son feu: il sait réprimer ses mouvemens; non-seulement il fléchit sous la main de celui qui le guide, mais il semble consulter ses désirs, & obéissant toujours aux impressions qu'il en reçoit, il se précipite, se modére ou s'arrête, & n'agit que pour le satisfaire. C'est une créature qui renonce à son être, que pour exister par la volonté d'un autre, qui sait même le prévenir; qui par la promptitude & la précision de ses mouvemens, l'exprime & l'exécute; qui sert autant qu'on le désire, & ne se rend qu'autant qu'on veut; qui se livrant sans réserve, ne se refuse à rien, sert de toutes ses forces, s'excéde & même meurt pour mieux obéir.

Pour qu'un cheval soit beau, il faut qu'il soit grand, âgé de six ans, sain & relevé de devant.

Sa tête doit être seche, & menue sans être trop longue; ses oreilles petites, déliées & bien plantées sur le haut de la tête; le front étroit & un peu convexe; les salieres remplies; les yeux vifs, assez gros & avancés à fleur de tête; la ganache décharnée & peu épaisse; les naseaux bien ouverts, les lévres déliées & la bouche médiocrement fendue.

Le garrot élevé & tranchant, les épaules

séches & plates; le poitrail large, bien ouvert entre les bras; le dos égal, uni; les flancs pleins & courts, la croupe ronde & bien fournie; les tégumens couverts d'un bon poil, comme noir de jais, beau gris, bai olesan, isabelle, doré avec une raie de mulet; les crins & les extrêmités noirs.

Le genou rond en devant, le jarret ample & évidé, les canons minces sur le devant & larges sur les côtés, le tendon bien détaché, le boulet menu, le fanon peu garni, le paturon gros & plutôt court que long.

La couronne peu élevée; la corne noire, unie & luisante; le sabot haut, les quartiers ronds, les talons larges & médiocrement élevés; la fourchette menue & maigre, & la sole épaisse & concave. Avec toutes ses perfections extérieures, il faut qu'il aye du courage, de la docilité, de l'ardeur, de l'agilité, de la sensibilité dans la bouche, de la liberté dans les épaules & de la souplesse dans les hanches.

S'imaginer que l'étalon contribue seul à la beauté du poulain, c'est tomber dans une erreur que l'expérience démontre tous les jours: la structure, la taille & la vigueur des poulains, dépendent autant des jumens que des étalons.

Il faut donc avoir des jumens bien faites, de bonne race, relevées du devant, bien fournies, épaisses, bonnes nourrices, grandes de corps sans avoir le corsage trop long; les côtes ouvertes & amples; la poitrine ouverte; les extrêmités bien faites, & la queue garnie de poils. Avec un tel choix, on aura de belles productions.

Dès que la jument pleine est au terme de mettre bas, on doit la placer seule dans une loge assez spacieuse sans y être attachée, & toujours avec de la bonne litiere.

Après la naissance du poulain, la jument doit rester huit ou dix jours sans sortir de sa loge, & il faut la nourrir abondamment de bon foin, du son de froment & d'orge, & lui donner pour boisson de l'eau blanche tiéde : ensuite mettre la mere & le poulain à l'herbe, & les y laisser le plus long-tems qu'il sera possible; l'air & la pâture les font devenir plus vigoureux, & éviter le plus qu'on pourra les pâturages marécageux.

C'est ordinairement à un an qu'on sévre le poulain. Deux ou trois jours auparavant on le sépare de la mere, à laquelle on ne le rend que le lendemain, afin qu'en se remplissant de lait plus abondamment & plus avidement, pour la dernière fois, il en soit plus gros & plus dispos.

Il faut le tenir dans une écurie nette, & où la mangeoire & le râtelier soient bas, afin qu'il s'étende & se délie mieux; il ne faut pas lui laisser manquer de litiere; il ne faut pas l'attacher, ni le toucher le moins qu'on peut.

Outre la pâture, il faut lui donner du son pour l'exciter à boire, pour qu'il acquiere du boyau, & quelque peu d'avoine grossièrement moulue.

La pâture est bonne aux poulains pendant

tout l'été, & ils en deviennent plus forts ; mais il ne faut pas oublier de leur donner du grain. L'hiver venu, on doit les tenir chaudement & leur donner une bonne nourriture ; de tems en tems les faire sortir quand le tems est beau.

Il faut couper le crin de la queue des jeunes chevaux, deux ou trois fois l'an, pour qu'ils l'ayent plus belle & plus touffue.

A l'âge de deux ans il faut les faire hongrer, si on les destine à monter ou au travail ; mais ne les monter ni les faire travailler pour le plutôt qu'à l'âge de quatre ans révolus. On aura alors des chevaux qui soutiendront la fatigue & dureront long-tems.

Détaillons à préfent les maladies du cheval.

Maladie appellée Féve ou Lampas.

C'est une excroissance de chair grosse comme une féve, qui se forme dans le palais auprès des primes ou premières dents de dessus, & les surpasse ; ce qui empêche le cheval de manger.

Remède. Eloignez toutes les méthodes dont on s'est servi jusqu'aujourd'hui ; coupez avec un bistouri toute l'excroissance, & lavez la plaie toutes les quatre heures avec l'eau-de-vie & le vinaigre mêlés. *M. Vitet.*

Autre maladie appellée Barbe, Barbillon.

Ce sont des excroissances fermes qui viennent sous la langue, dont le bord est tranchant ; on les prendroit pour des prolongemens de la membrane qui revêt la peau postérieure de la bouche, & qui empêchent l'animal de boire & de manger.

Remede. Coupez avec des ciseaux les barbillons, & lavez les plaies avec du vinaigre simplement. *M. Vitet.*

Autre maladie appellée Tiq.

Le cheval appuye les dents supérieures sur les bords ou au fond de la mangeoire, ou sur la longe du licol, ou sur les bords du râtelier ; mange peu & lentement.

Remede. Le plus assuré est de le faire manger où il n'y a point de créche, mais un simple râtelier, & lui donner l'avoine dans un havresac. M. *Soleisel*. M. *Vitet*. Ce premier observe qu'il y a des chevaux si attachés à ce caprice, qu'ils tignent sur le fer & sur le cuivre.

Autre maladie appellée Barres blessées, ou bouche entamée.

Ce mal vient d'une écorchure ou blessure que fait la bride, ou de quelqu'autre accident.

Remede. M. *Soleisel* conseille de frotter la partie blessée, huit ou dix fois par jour, avec du miel rosat; M. *Vitet* avec du vin miellé; M. *de Lafosse* fils, de placer dans la bouche du cheval, un billot enveloppé d'un linge couvert de miel, d'heure en heure, ou imbibé d'eau miellée si l'os est lézé.

Autre maladie appellée Dégoût.

Cette maladie vient par la dépravation des humeurs, ou pour avoir mangé des substances d'une saveur désagréable, ou pour avoir trop été poussé au travail; le cheval est dégoûté non-seulement quand il ne mange point, mais quand il mange beaucoup moins ou plus mollement qu'à l'ordinaire, que sa langue est blanche, ses excrémens différens de l'état de santé, que tantôt il est altéré & tantôt il rejette les boissons.

Remede. On donne une infinité de remedes pour cette maladie; mais l'observation, l'expérience & les Médecins que j'ai consulté, m'ont prouvé que la diete est le plus grand remede avec un exercice modéré, & que cette méthode est préférable à tous les médicamens; & je trouve que M. *Vitet*, malgré les remedes qu'il a indiqués pour cette maladie, l'a pensé de même dans l'analyse qu'il a fait des ouvrages de M. *Soleisel*.

Autre maladie appellée Gourme.

Elle se manifeste dans les jeunes chevaux

vaux par un engorgement des glandes maxillaires, par un écoulement d'une humeur visqueuse, gluante, roussâtre ou blanchâtre qui flue des naseaux, souvent par des tumeurs & des abcès sur différentes parties du corps: la gourme se fait donc jour par les naseaux, par les glandes maxillaires, ou par des dépôts; elle est ordinairement accompagnée du dégoût, de fievre & de battement de flancs.

Remede. Tenez les poulains affectés de gourme, chauds; couvrez la ganache d'une peau de mouton; engraissez les glandes tuméfiées avec de l'huile de laurier ou de l'onguent althea; donnez des lavemens mucilagineux; injectez dans les naseaux de l'eau d'orge miellée: si la gourme attaque les poulmons, saignez abondamment; faites usage des mucilagineux, & évitez les cordiaux. M. *Bourgelat.*

Autre Remede. Appliquez sur la tumeur des cataplasmes faits avec la mie de pain & le lait; toutes les quatre heures, faites recevoir la vapeur de l'eau où auront bouilli des plantes mucilagineuses; donnez-en des lavemens: dès que l'abcès est formé, ouvrez-le, & couvrez l'ouverture d'un plumaceau chargé d'un digestif, jusqu'à ce que les duretés soient dissipées: appliques-y de l'étoupe cardée, & la cicatrice ne tardera pas à se faire.

Si la gourme se jettoit sur l'arriere bouche, saignez copieusement au plat des cuisſes, en continuant toujours les remedes ci-deſſus.

Si l'on craint un dépôt de gourme, faites à la partie inférieure du poitrail un féton avec l'ellébore, & entretenez-le quinze jours ou trois ſemaines. *M. Vitet.*

Autre Remede. Mettez l'animal à l'eau blanche; ſaignez-le une ou deux fois. (*M. Vitet* obſerve que la ſaignée eſt nuiſible, à moins que l'animal ſoit pléthore); enveloppez la ganache d'une peau d'agneau; faites reſpirer au malade la vapeur de l'eau chaude ; mettez ſous la ganache un cataplaſme émollient. Si la tumeur ſubſiſte dure & douloureuſe, appliquez-y du baſilicum ou de la graiſſe, ou du beurre : dès que la ſuppuration s'y eſt établie, ouvrez l'abcès & penſez-le avec le digeſtif, juſqu'à ce que la matière ſoit entièrement écoulée, & faites cicatriſer l'ulcere avec du vin tiede : ſi la gourme eſt accompagnée de difficulté de reſpirer, d'une toux vive & d'une fievre aigue, faites des ſaignées copieuſes; enveloppez le goſier de cataplaſme de mie de pain; pour boiſſon, de l'eau blanche tiede ; retranchez toutes ſortes d'alimens; donnez des lavemens émolliens : lorſque le pus commence à s'écouler par le nez, faites des injections déterſives. *M. Lafoſſe fils.*

M. Soleiſel obſerve qu'il faut avoir ſoin de ne donner à boire au cheval qui jette ſa gourme, que de l'eau qui ait bouilli, blanchie avec du ſon.

Autre maladie appellée Morfondure.

La morfondure est une toux avec écoulement de muscosité par le nez.

Remede. Saignez le cheval ; mettez-le à l'eau blanche tiede ; faites-lui respirer la vapeur de l'eau chaude, & tenez-le chaudement. *M. Lafosse fils. M. Vitet* ajoute, que pour nourriture, il faut donner à l'animal du son mêlé avec du miel, un peu d'eau tiede, & un peu de paille après quatre ou cinq jours ; & dès que la matière évacue par les naseaux, parfumez-le avec l'encens ou le benjoin : donnez-lui deux ou trois lavemens par jour avec la décoction de racine de guimauve tenant en solution du nitre, & matin & soir demi livre de miel.

M. Soleisel dit qu'on peut traiter les chevaux enrhumés ou morfondus, comme ceux qui ont la gourme.

Autre maladie appellée Toux séche.

L'animal tousse sans rendre aucune matiere par les naseaux.

Remede. L'eau blanche tiede & miellée ; l'infusion de racine de réglisse avec du miel, une petite quantité de fleur de soufre incorporée avec beaucoup de miel, les lavemens mucilagineux, la saignée s'il y a pléthore, la paille pour nourriture, les vapeurs d'eau chaude, sont les remedes indiqués.

Si la toux est fréquente & forte, il y a à craindre une inflammation de poitrine : saignez à la jugulaire deux ou trois fois en quarante-huit heures ; les boissons mucilagineuses, les vapeurs aqueuses & les lavemens adoucissans, sont pour lors d'un grand secours. *M. Vitet.*

Autre maladie appellée Morve.

C'est un écoulement par les naseaux d'une humeur virulente & contagieuse, avec tuméfaction d'une ou plusieurs glandes maxillaires, sans fièvre & sans perte d'appetit : ordinairement l'animal ne rend que par un naseau, rarement de deux ; la matière change de couleur, vient d'un blanc jaunâtre, le volume & la dureté des glandes s'accroissent, l'humeur prend une couleur verdâtre, & tombe au fond de l'eau.

Remede. Tous ceux qui ont écrit sur l'art vétérinaire jusqu'aujourd'hui, n'ont trouvé encore aucun remede spécifique pour cette maladie, & ne sont pas seulement d'accord sur l'endroit où réside le virus morveux ; ainsi je ne perdrai pas mon tems & n'ennuyerai pas à détailler les remedes indiqués ; je me contenterai seulement de dire, que pour préserver les chevaux de la morve, il faut frotter matin & soir les orifices extérieurs des naseaux du cheval avec de l'huile de térébenthine, parfumer l'écurie avec parties égales d'encens

& de soufre, & faire prendre tous les jours à l'animal deux ou trois onces de fleur de soufre mêlées avec du son. *M. Vitet.* C'est en suivant cette méthode, dit-il, que j'ai préservé de la morve deux chevaux qui habitoient avec un cheval morveux au dernier degré.

Autre maladie appellée mal de Tête.

Lorsque le cheval est attaqué de cette maladie, il tient la tête baissée, il a l'œil enflammé & le front chaud.

Remede. Prenez de la sauge & de la marjolaine de chacun une bonne poignée, une once de gaïac & demi once d'assa fœtida; faites infuser le tout huit ou dix heures, & donnez-lui le matin dans du vin, & tenez-le bridé trois heures avant & trois heures après.

Donnez-lui tous les soirs un lavement avec une poignée de mauve, guimauve, pariétaire & violette bouillie dans deux pintes d'eau, que vous ferez réduire à trois chopines; ajoutez trois onces séné: coulez le tout, ensuite mêlez-y une demi livre de vin émétique, & trois onces d'hiere & de coloquinte. *L'Auteur de la Nouvelle Maison Rustique, après M. Soleisel.*

Autre maladie appellée Vertige.

Cette maladie ôte tellement l'usage des sens à l'animal, qu'il est presque sans connoissance: ce mal le fait chanceler & tomber, & même se donner de la tête contre les murs.

Remede. Il faut saigner l'animal des flancs & du plat des cuisses, ensuite lui donner un lavement avec deux pintes de vin émétique & un quarteron d'onguent populeum ; laissez-le reposer quelque tems, & donnez-lui un autre lavement avec cinq chopines de vin, deux onces de scories en poudre fine ; faites bouillir le tout cinq ou six gros bouillons ; ajoutez-y un quarteron d'onguent rosat ; donnez-lui tiede, & réitérez.

Il faut avoir soin de lui frotter les jambes avec des bouchons mêlés d'eau tiede, & ne lui donnez pour aliment que du son & du pain de froment ; & pour boisson, de l'eau blanche, & promenez-le de tems en tems. *M. Soleisel.*

Autre Remede. Réitérez cinq ou six fois la saignée aux flancs & au plat des cuisses dans l'espace de vingt-quatre heures ; environnez toutes les parties postérieures de larges vésicatoires faites avec les scarabées ; donnez-lui toutes les quatre heures un lavement composé d'une infusion de séné saturé de nitre ; appliquez sur la tête des étoupes imbibées d'eau-de-vie & de vinaigre ; faites boire au malade quantité de boisson blanche tenant en solution plus ou moins de nitre ou de crême de tartre ; ne donnez aucune espèce de nourriture jusqu'au cinquième jour : si vous ne pouvez saigner l'animal, coupez-lui la queue, &

laissez évacuer du sang jusqu'à ce qu'il paroisse extrêmement affoibli. *M. Vitet.*

Autre maladie appellée mal de Feu, mal d'Espagne.

Le malade a la tête basse, la bouche brûlante, l'air triste, les yeux gros & larmoyans, ne se couche que rarement & s'éloigne de la mangeoire; ses poils tombent, le cœur & les arteres battent avec force & fréquence; le malade perd l'appétit & ne peut fienter.

Remede. Faites le même que ci-dessus; ajoutez-y seulement les fomentations mucilagineuses sur les parties postérieures, les bains de vapeur, & même les ventouses sur la croupe, si les remedes indiqués ne procurent aucun soulagement. *M. Vitet. M. Lafosse fils.*

Autre maladie appellée mal de Tête de contagion.

La tête du malade devient extrêmement grosse, les yeux enflammés, tuméfiés & larmoyans; il coule par les naseaux une matière jaune, dont le seul attouchement est capable de communiquer aux animaux sains: elle se termine ordinairement le cinquieme ou septieme jour par la mort ou la suppuration des glandes maxillaires.

Remede. Parfumez le malade & les écuries avec de l'eau-de-vie & du vinaigre; frottez les glandes avec l'onguent de scarabée ; donnez des lavemens comme ceux indiqués ci-deſſus, toutes les quatre heures, même boiſſon & même nourriture ; dès que l'abcès eſt ouvert, penſez-le avec l'onguent égiptiac : ſi les tégumens ſont trop épais, ouvrez-les avec un inſtrument tranchant. *M. Vitet.*

Autre maladie appellée Etourdiſſement, Tournoyement.

L'animal chancele en marchant, & le moindre corps qu'il rencontre le fait tomber ; dans la chute, il évite de donner de la tête ; hors de l'écurie, ſouvent il tourne comme dans un cercle.

Remede. Saignez promptement au plat des cuiſſes, même boiſſon & même nourriture. Donnez trois ou quatre lavemens comme ci-deſſus en vingt-quatre heures ; ſi après cet eſpace les ſymptômes ne diminuent pas, réitérez la ſaignée juſqu'à deux fois en douze heures ; continuez les lavemens ; tenez les extrêmités humectées d'eau chaude ; appliquez des véſicatoires ſur le plat des cuiſſes : lorſque l'animal commence à ſe rétablir, promenez-le au pas dans un terrain uni. *M. Vitet.*

Autre maladie appellée Fluxion ſur les yeux.

Remede. L'Auteur de la Nouvelle Maiſon Ruſtique dit, qu'il ne faut jamais ſaigner le cheval qui a une fluxion ſur les yeux, qu'il faut lui ôter l'avoine, le laisser repofer, lui donner du fon mouillé, le tenir dans une écurie tempérée, & lui laver fouvent les yeux avec de l'eau fraîche.

Autre maladie appellée Coup à l'œil.

Remede. Prenez fix onces d'eau rofe, demi-once de tutie préparée, demi-gros de faffran, deux onces de fucre candi, & une once de coupe-rofe blanche; mêlez le tout & le remuez bien, & mettez-en deux fois par jour dans l'œil du cheval; fi le coup eft confidérable, il faut faigner. *L'Auteur de la Nouvelle Maifon Ruftique.*

Si la corne tranfparente a été bleffée, en conféquence enflammée, faignez une ou deux fois le malade; mettez-le à l'eau blanche & à la paille, & baffinez l'œil avec la décoction de plantain & de fleurs de rofe. *M. Lafoffe fils.*

Autre maladie appellée Taches blanches dans l'œil.

Evitez tous les médicamens acides & fpiritueux; fervez-vous des parfums aromatiques, tels que l'encens, le benjoin, le tabac, &c. comme les plus efficaces: le vitriol blanc mis en folution dans une infufion de feuilles de chélidoine incorporée avec partie égale de miel, a quelquefois produit de très-bons effets. *M. Vitet.*

Autre maladie appellée Cataracte.

M. Vitet, après avoir donné les remedes préparatifs, enseigné la maniere d'abattre la cataracte, finit par conseiller de ne pas le tenter à cause de l'incertitude de l'opération, & garder son cheval borgne ou aveugle.

Autre maladie appellée Affection lunatique.

Le cheval a l'œil trouble en certain tems de la lune, & en d'autres l'œil assez beau, de maniere qu'on le croit fort sain dans le dernier tems.

Remede. Les sétons à l'encoulure ou au poitrail, & les urinaires paroissent les meilleurs remedes. *M. Vitet.*

Autre maladie appellée Eponge.

L'éponge est une tumeur du caractère de la loupe, située à la tête ou à la pointe du coude.

Remede. Après avoir tenté inutilement & infructueusement les résolutifs, emportez la tumeur avec le bistouri, & pensez l'endroit qu'occupoit la tumeur comme une plaie simple. *M. Bourgelat.*

Autre maladie appellée Hémorragie.

C'est une perte de sang par le nez ou par la bouche.

Remede. Il faut saigner abondamment &

plusieurs fois, si le mal continue ; lui donner une nourriture rafraîchissante ; pour boisson, de l'eau blanche, des lavemens rafraîchissans ; le mettre pendant une heure dans l'eau jusqu'aux flancs ; si c'est en été, & dans une autre saison, lui mouiller souvent les testicules & le fourreau avec de l'eau fraîche. *M. Soleisel.*

Autre Remede. Si l'hémorragie est nasale, il faut laisser un libre cours au sang s'il n'affoiblit pas trop le malade ; dans le cas contraire, il faut environner le cou du malade de linges trempés dans l'eau fraîche : si elle ne diminue pas, appliquez des linges remplis de glace autour du cou ; introduisez par le moyen d'une sonde dans la narrine, une tente d'étoupe soupoudrée de vitriol blanc ; si l'hémorragie ne céde pas, donnez en boisson un breuvage composé d'une dragme d'alun & d'une livre d'infusion de feuilles de sanicle. *M. Vitet.*

Autre maladie appellée mal de Cerf.

C'est un rhumatisme qui tient les mâchoires & le cou de l'animal si roides, qu'il ne peut les mouvoir ni manger.

Remede. La diete, la saignée, les mucilagineux en boisson & en lavement, les sétons & les lavemens purgatifs sur la fin de la maladie. *M. Lafosse fils.*

Plusieurs autres habiles Maréchaux préférent les bains, les sudorifiques & les aromatiques en boisson & en lavement, les parfums aromatiques & les fétons.

Autre Remede. Faites infuser dans l'eau blanche quantité de fourmis ; donnez-la en breuvage, réitérez trois ou quatre fois par jour ; donnez-la aussi en lavement ; exposez l'animal à la vapeur de l'eau bouillante : si la sueur s'établit, augmentez la dose des fourmis ; bouchonés légérement : si après deux jours il n'y a pas de soulagement, couvrez-le de fumier excepté la tête, & l'y laissez pendant douze heures, & donnez pendant ce tems le breuvage de fourmis.

Les fétons au poitrail, aux cuisses, au ventre ; les étoupes brûlées sur le dos, les épaules, le cou & la croupe, ne doivent être employés qu'après avoir épuisé le remède ci-dessus. *M. Vitet* n'est point d'avis de la saignée & des purgatifs.

Autre maladie appellée les Avives.

C'est une inflammation, qui faisant enfler les glandes d'auprès du gosier du cheval, lui empêche la respiration, & court risque d'être étouffé, s'il n'est secouru promptement. L'animal pert l'appétit, tient la tête baissée, a les oreilles froides, se vautre, se couche, se leve souvent & se tourmente à cause des douleurs qui l'oppriment, & des tranchées qui sont inséparables de ce mal.

Remede. Eloignez tous les remedes pratiqués jusqu'aujourd'hui ; tirez des veines qui rampent sur le ventre & au plat des cuisses, quinze ou vingt livres de sang en vingt-quatre heures ; donnez quatre ou cinq lavemens dans la journée : les trois premiers composés d'un citron coupé par tranches, d'un once de feuilles de séné ou une once d'aloës, & cinq livres d'eau ; les deux autres avec de l'eau blanche tenant en solution du nitre ; placez un séton fait avec l'ellébore au bas ventre ou auprès de la cuisse ; la nourriture se réduira au petit lait, à l'eau blanche, au suc de laitue & aux émulsions d'amande & de semence de courge mêlées avec beaucoup d'eau.

Appliquez sur la tumeur des étoupes trempées dans du vinaigre saturé de sel marin : si l'inflammation ne souffre aucune diminution, faites des fomentations avec le lait & des cataplasmes de mie de pain, que vous changerez toutes les six heures.

Dans tous les cas où l'inflammation des parotides se termine par la suppuration, elle doit être conduite avec beaucoup d'attention ; dès qu'on s'apperçoit de la moindre fluctuation, ouvrez l'abcès ; pensez l'ulcère avec le digestif aiguisé d'eau-de-vie, jusqu'à ce que les chairs commencent à revenir ; & terminez la curation avec des plumaceaux d'étoupe cordée. *M. Vitet.*

Autre maladie appellée Scorbut.

Voyez ci-après au chapitre des bœufs.

Autre maladie appellée Taupe.

C'eſt une tumeur inflammatoire ſituée ſur le ſommet de la tête entre les deux oreilles : cette tumeur dans le commencement devient molle, & contient une eſpece de pus ou d'eau rouſſe.

Remede. Fomentez la tumeur récente avec de l'eau ſalée ; ſi elle ne diminue pas au bout de cinq ou ſix jours, & ſi vous y ſentez une fluctuation, ouvrez l'abcès ſuivant ſa longueur, en obſervant de ne pas endommager l'origine du grand ligament, & traitez la plaie comme ulcère ſimple. *M. Lafoſſe fils.*

Autre maladie appellée Ciron.

Il croît ſur la face interne des lévres, de petits boutons blancs peu ſenſibles.

Remede. Coupez chaque bouton avec des pincettes tranchantes, & lavez la bouche de l'animal avec du vin & du miel. *M. Vitet.*

Autre maladie appellée Polype.

C'eſt une excroiſſance ſaillante d'une ſtructure fongueuſe ou charnue, qui vient de la membrane pituitaire, & ſe prolonge plus ou moins dans les foſſes nazales.

Remede. L'inciſion, l'extirpation, la cautériſation & les cauſtiques ont de grands inconvéniens : à l'aide d'une porte-anſe ou ferre-nœud, & du conducteur de l'anſe, faites la ligature du polype près de ſa baſe; au bout de quelques jours il tombe, ne paroît point d'hémorragie, & il s'établit rarement avec ſupuration. *M. Vitet.*

Autre maladie appellée Sortie involontaire de la langue.

La langue pend involontairement hors de la bouche, excepté dans le tems où l'animal mange.

Remede. Frottez deux fois par jour la langue avec du vin ſaturé de racine de pierrette & de ſel marin; appliquez-y de la coloquinte: ſi c'eſt mauvaiſe habitude, de la moutarde préparée, des mouches cantarides, du tabac pulvériſé; touchez-la avec un fer chaud ou avec un inſtrument armé de petites pointes aigues: ſi l'animal ſe mord la langue en mâchant, coupez avec un biſtouri ou un raſoir, la portion qui excéde les dents, de maniere à conſerver à la langue ſa figure naturelle, & lavez ſouvent la plaie avec du vin ſaturé de miel, & ne donnez pour nourriture, pendant deux ou trois jours, que du lait, du ſon mouillé, & de l'eau chargée d'une grande quantité de farine de froment. *M. Vitet.*

Autre maladie appellée Tranchées ou Coliques.

Le cheval eſt attaqué de tranchées lorſqu'il ſe couche & ſe leve, qu'il s'agite, qu'il racle la terre avec le pied de devant & ne demeure jamais en sa place.

Lorsque les tranchées proviennent de ce que l'animal a bu trop froid.

Remede. Couvrez-le, tenez-le chaudement; si la douleur continue, saignez-le & donnez-lui des lavemens mucilagineux.

Si elles proviennent d'indigestion.

Remede. Donnez-lui un peu de thériaque délayée dans demi-septier de vin.

Si elles proviennent de ventre, l'animal devient enfle comme s'il devoit crever.

Remede. Introduisez dans l'anus du cheval un oignon bien hâché avec un morceau de savon; promenez-le après; donnez-lui un lavement composé d'une once de savon délayé dans l'eau: si le mal continuoit, saignez à la jugulaire & employez les carminatifs.

Si elles viennent des vers, on en trouve dans la fiente de l'animal, & les yeux lui tournent.

Remede. La décoction de racine de gentiane & d'absinthe, ou trois onces de suie de cheminée délayée dans un demi-septier de petit lait, suffisent pour les calmer.

Dans les tranchées rouges, le cheval se tourmente, il se couche & se leve souvent, il regarde son ventre.

Remede. La saignée, les breuvages adoucissans, & surtout les lavemens, appaisent cette espece de tranchée extrêmement dangereuse.

Les tranchées de Besoard sont incurables.
M. Lafosse fils.

Autre Remede pour les Tranchées. Faites bouillir une pinte de lait, dans laquelle on jette plein un grand dés à coudre de savate brûlée & pulvérisée ; on fait avaler le tout au cheval ; on le couvre & on lui fait une bonne litiere. Il éprouve aussitôt une forte crise qui lui refroidit les membres, mais qui ne doit pas effrayer : deux heures après il revient dans son état naturel. On peut alors lui donner à manger & le faire travailler.

On assure que ce remede a pour garant vingt ans d'épreuves, qui ont toujours réussi. *L'Auteur de l'Albert Moderne.*

Voyez ci-après au chap. des Bœufs.

Autre maladie appellée Flux d'urine.

Cette maladie est toute contraire à la rétention d'urine, & n'est pas moins dangereuse.

Remede. Lorsque l'animal est échauffé, que les urines sont fétides & colorées, saignez à la veine jugulaire, de l'eau blanche pour boisson & du son mouillé pour nourriture ; donnez plusieurs lavemens composés d'une seule infusion de fleurs de mauve ; bouchonnez légérement ; exposez tout le corps à la vapeur de l'eau chaude. Si les vaisseaux continuent d'être distendus, la bouche & les tégumens d'être échauffés, réitérez la saignée & continuez le même régime.

Si le flux d'urine n'est accompagné ni

de chaleur, ni d'inquiétude, ni de pléthore, ne saignez pas; bouchonnez fortement; donnez de la suie de cheminée avec de la racine d'angélique; faites boire de l'eau blanchie avec de la farine d'orge ou de ris; donnez-en des lavemens; couvrez le malade; exposez-le à la vapeur de l'eau chaude, & ne présentez que de la paille pour nourriture. *M. Vitet.*

Autre maladie appellée Rétention d'urine.

L'animal fait ses efforts pour uriner & s'agite, & en portant la main par le rectum sur la vessie, on sent qu'elle est pleine & distendue; il ne faut point la presser.

Remede. Saignez une ou deux fois; donnez des breuvages & des lavemens émolliens, & remuez souvent sa litiere sous le ventre. *M. Lafosse, fils.*

Voyez ci-après au chap. des Bœufs.

Autre maladie appellée Pissement de sang.

Faites dissoudre une poignée d'amidon blanc dans de l'eau de puits; délayez-la si bien, que vous puissiez la faire avaler sans peine & sans dégoût; ensuite donnez à manger à l'animal à sec sans le faire boire, & l'urine de sang cesse en vingt-quatre heures.

Voyez ci-après au chap. des Bœufs.

Autre maladie appellée Gras-fondure.

Le gras-fondure est une excrétion par l'anus

de mucofité ou de glaires, tamponnées, quelquefois mêlées d'un peu de fang : le cheval râle, a la bouche écumante, ne mange point, fe couche, fe leve & regarde fon flanc. Cette maladie mortelle demande des prompts fecours.

Remede. Cette maladie céde avec petites faignées, plus ou moins réitérées fuivant les forces de l'animal, aux breuvages & aux lavemens mucilagineux & rafraîchiffans, où l'on ajoute trois ou quatre têtes de pavot; & lorfque l'inflammation eft calmée, il faut mettre trente grains d'ipécacuanha dans les lavemens. *M. Lafoffe, fils.*

Autre Remede. Vuidez le cheval, faignez-le tout de fuite amplement : demi-heure après, donnez un lavement avec une décoction de mauve, guimauve, pariétaire, fauge & marjolaine, & y mêlerez une chopine de vin émétique : une heure après, purgez-le avec trois onces de tartre émétique, que vous ferez diffoudre dans une pinte de vin, & vous le promenerez au petit pas pendant une heure. *M. Soleifel.*

Autre Remede. Saignez à la veine jugulaire, & réitérez plus ou moins la faignée s'il y a inflammation; pour boiffon & nourriture, de l'eau blanchie avec de la farine de feigle & aiguifée avec un peu de crême de tartre; donnez des lavemens avec la décoction de femences de courge; & fi l'inflammation diminue, donnez-les avec deux dragmes d'ipécacuanha & trois livres d'eau blanchie avec trois livres de farine de froment, une fois tous les jours.

Si l'inflammation cesse, donnez tous les matins à jeun deux dragmes de racine d'ipécacuanha en décoction dans une livre d'infusion de fleurs de mauve. *M. Vitet.*

Autre maladie appellée Pousse.

On connoît qu'un cheval est poussif, lorsque le flanc lui bat & qu'il tousse séchement & fréquemment.

Remede. On a donné une infinité de remedes pour cette maladie ; *M. Soleisel & l'Auteur de la Nouvelle Maison Rustique*, assurent qu'un des meilleurs & des plus aisés, est de mettre une douzaine d'œufs en coque dans un fort vinaigre qui surpassera d'un doigt, & lorsque la coque sera amollie à force de tremper, vous tiendrez votre cheval bridé toute la nuit, & les lui ferez avaler entiers l'un après l'autre ; couvrez-le bien : promenez-le au pas pendant deux heures ; donnez-lui ensuite du son mouillé, & réitérez ce remede jusqu'à guérison.

Autre Remede. Faites recevoir à l'animal, trois ou quatre fois par jour, des vapeurs aqueuses ; donnez-lui à boire de l'eau miellée ; nourrissez-le de paille ou de regain mêlés ; promenez-le modérement : prenez de fleur de soufre, une once ; de miel, trois onces ; faites-en un bol, que vous ferez prendre le matin à jeun, & que vous réitérerez le soir pendant un ou deux mois. S'il n'y a aucun soulagement, la maladie est incurable. *M. Vitet.*

L'obſervation & l'expérience m'ont prouvé que lorſque cette maladie eſt ancienne, c'eſt perdre ſon tems que d'en entreprendre la guériſon.

M. *Vitet* diſtingue pluſieurs eſpèces de pouſſe; celle de naiſſance, qui eſt incurable; celle dont nous venons de parler; la pouſſe humide; celle cauſée par une maladie de poitrine; & la pouſſe par réplétion, dont nous ne parlerons point ici. Nous nous contenterons d'obſerver, que M. *Lafoſſe fils* nous dit, que toutes ces eſpèces de maladies ſont très-difficiles à guérir, pour ne pas dire incurables.

Autre maladie appellée Fortraiture.

C'eſt une fatigue outrée & exceſſive, accompagnée d'un grand échauffement : cette maladie s'annonce par la contraction ſpaſmodique des muſcles de l'abdomen; les flancs ſont rentrés, le poil eſt hériſſé, la fiente dure, ſéche & noire.

Remede. Les lavemens mucilagineux, le ſon humecté, l'eau blanche, & l'onction des flancs avec le miel roſat, guériſſent ordinairement cette maladie. *M. Bourgelat.*

Autre maladie appellée Fourbure.

On connoît qu'un cheval eſt fourbu, lorſqu'il ne peut marcher qu'avec grande peine, qu'il ne peut pas reculer, qu'il mange très-peu, qu'il a la peau attachée au corps, qu'il eſt triſte, & que tous ces accidens sont accompagnés d'un grand battement de cœur & de flancs.

Remede. Faites des frictions sur l'endroit malade, avec un mélange de parties égales de miel, de camphre & d'eau-de-vie ; des fomentations aromatiques avec des feuilles de sauge infusées dans le lait, des vapeurs d'eau bouillante sur le corps des muscles attaqués, des lotions du pataron avec de l'eau miellée saturée de nitre aiguisée de bonne eau-de-vie ; un breuvage, trois fois par jour, d'une once de poudre de fourmis, d'une demi-dragme de camphre, de trois onces de miel, délayées dans une livre & demi d'eau miellée : s'il ne peut avaler, donnez-le en lavement en double dose, & tenez le ventre libre en donnant, deux fois par jour, un lavement avec une infusion de trois onces de suie de cheminée avec de l'eau miellée.

Si ces remedes ne réussissent pas, faites deux sétons avec l'ellébore, l'un au poitrail & l'autre à l'extrêmité postérieure ou sternum : brûlez des étoupes sur la partie malade ; appliquez de larges vésicatoires sur le corps des muscles affectés ; placez l'animal dans une fosse ; couvrez-le de fumier pendant douze heures ; bouchonnez-le ensuite, & couvrez-le d'une couverture de laine. Les bains dans une eau courante, si la saison le permet, sont merveilleux, en observant de l'en sortir dès qu'il commence à trembler. *M. Vitet.* Il désapprouve toute autre méthode.

Autre maladie appellée Farcin.

Tous ceux qui ont écrit sur l'art vétérinaire en ont distingué plusieurs espèces, & donné une infinité de remedes. M. *Vitet* nous assure que pour quelqu'espèce que ce soit, la méthode qu'il indique, & qui est ci-après, doit être regardée comme le vrai spécifique du farcin.

Les bestiaux sont frappés d'une espèce de bouton de farcin de la grosseur d'une noix, qui prend au flanc, & s'augmente insensiblement en se communiquant par des fusées jusqu'aux bourses, qui grossissent prodigieusement. Les vaisseaux voisins de cette tumeur, s'engorgent à un point qu'ils deviennent comme des cordes; la tumeur est dure, noirâtre & ne contient point de pus. Lorsqu'elle vient au poitrail ou aux environs de la tête, les animaux périssent si promptement, qu'à peine peut-on leur apporter du secours.

Les boutons qui caractérisent cette maladie, n'ont pas constamment le même aspect; les uns sont distincts, circonscrits & situés pour l'ordinaire sur les branches de la mâchoire postérieure, le long du cou, sur les épaules, les côtes & les fesses; les autres sont rapprochés & semblent former une corde entrecoupée comme un chapelet; ils attaquent souvent le poitrail, l'épaule jusqu'à la couronne, le plat de la cuisse & l'extrêmité postérieure, les joues, les levres, & la partie supérieure de la mâchoire postérieure : lorsque ces boutons viennent à suppuration, ils forment souvent des ulceres considerables & d'une odeur insupportable.

Remede. On doit proposer d'attenuer, d'inciser, de fondre, de délayer, d'évacuer, de corriger l'acrimonie des humeurs ; de faciliter la circulation des fluides. Purgez avec l'*acquila alba* ; faites succéder aux purgatifs les délayans & les relachans ; passez à l'usage de la tisane des bois & des préparations mercurielles : l'alun calciné & mêlé avec l'onguent ægiptiac, détergera les ulceres qui tiennent du caractère chancreux ; vous pouvez employer le cautere actuel avec prudence ; terminez la cure par l'usage intérieur de la poudre de vipere. *M. Bourgelat.*

Autre Remede. Il faut saigner l'animal & lui administrer tous les jours deux ou trois lavemens composés d'une décoction de racine de patience tenant en solution une once de foie de soufre ; donnez à l'animal pour nourriture de la paille & du son, auquel il faut ajouter trois onces de fleur de soufre par jour, & pour boisson de l'eau blanche, ou la décoction de racine de patience édulcorée avec du miel ; pratiquez dès le commencement de la maladie trois sétons avec le fil de crin, un au poitrail, le deuxieme au bas ventre, le troisieme à la cuisse : il est essentiel de les entretenir non-seulement pendant le cours de la maladie, mais encore un ou deux mois, il faut parfumer soir & matin l'animal avec une dose égale d'encens & d'orpiment ; lavez tout le corps de l'animal avec de l'eau saturée d'arsénic, ayant la précaution de ne pas toucher les parties de la génération, l'anus ni la bouche : si les boutons contiennent du pus, ouvrez-les avec une lancette & pansez l'ulcere avec parties égales d'orpiment, d'onguent égyptiac, tant qu'il subsiste des duretés ; lorsqu'elles sont dissipées, retranchez l'orpiment. *M. Vitet.*

Autre maladie appellée Rage.

Voyez ci-après au chap. des Bœufs.

Autre maladie appellée Diarrhée.

Si cette maladie duroit plus de trois jours, il ne faut pas la négliger.
Remede. Nourrissez le cheval de bon foin ; faites-lui boire de l'eau blanchie avec de la farine de froment, & de poudre de grains de raisins brûlés. *L'Auteur de la Nouvelle Maison Rustique.*

Diarrhée Bilieuse.

Les excrémens sont liquides & fort jaunes, l'animal a la bouche échauffée & séche, il est altéré, les forces musculaires sont affoiblies, l'intestin *rectum* est un peu enflammé.

Remede. Pour nourriture & pour boisson,

de l'eau blanchie avec de la farine de froment ; donnez tous les jours plusieurs lavemens avec une décoction de racine de guimauve aiguisée de crême de tartre : dès que l'inflammation & la fiévre commencent à calmer, délayez dans une livre d'eau blanche deux dragmes de racine d'ipécacuanha pulvérisé, que vous donnerez à jeun tous les matins, de même qu'un lavement composé d'une once de cette racine & de trois livres de décoction de racine de guimauve : dès que la diarrhée diminue, éloignez le remede, & n'employez que les mucilagineux en breuvage & en lavement. M. *Vitet*.

Diarrhée Pituiteuse.

La bouche est humectée, la langue est blanchâtre, l'appétit est diminué, le flux est fréquent & sans effort, sans odeur forte ni fétide, les matières ressemblent à une eau légerement colorée de jaune.

Remede. Pour nourriture, du son abondant en farine mêlée de sel marin, & pour boisson, de l'eau blanchie avec de la farine aiguisée de sel marin ; & donnez des lavemens avec une légere infusion de racine de gentiane, tenant en solution du nitre.

Si quatre jours après la diarrhée augmentoit, donnez en breuvage une infusion de racine de gentiane, tenant en solution une once de cachou ou une once de thériaque deux fois par jour. M. *Vitet*.

Diarrhée avec fétidité des matières.

Les matières sont fort liquides & donnent une odeur forte & insupportable.

Remede. Tenez l'animal séparé des autres, faites évaporer continuellement dans sa mangeoire un mélange de parties égales d'eau-de-vie & de vinaigre : si les forces étoient extrêmement abattues ; faites-lui boire de cette liqueur, deux onces au cheval, quatre au bœuf, délayées dans une livre d'eau blanche saturée de crême de tartre ; pour nourriture, de la paille saupoudrée de nitre ; donnez tous les jours plusieurs lavemens avec eau de ris saturée de crême de tartre. M. *Vitet.*

Il ne désapprouve pas les bols composés de crême de tartre une once, demi-dragme de camphre & du vinaigre miellé ; un le matin, un à midi & un sur les cinq heures du soir.

Autre maladie appellée Dyssenterie ou Flux-de-Sang.

Voyez ci-après au chap. des Bœufs.

Autre maladie appellée Galle.

Voyez ci-après au chap. des Bœufs.

Autre maladie appellée Piqûre ou morsure de Bêtes venimeuses.

Voyez ci-après au chap. des Bœufs.

Autre maladie appellée Charbon.

Voyez ci-après au chap. des Bœufs.

Autre maladie appellée Avant-cœur.

Voyez ci-après au chap. des Bœufs.

Autre maladie appellée Fiévre.

Voyez ci-après au chap. des Bœufs, où il sera également parlé des Epidémies.

Autre maladie appellée Courbature.

C'est une inflammation simple des poumons ; la fiévre continue & souvent avec accès, la toux plus ou moins forte & fréquente, le battement de flancs, la respiration difficile ; l'animal jette par les naseaux des matières visqueuses au commencement & en petite quantité, ensuite blanchâtres, & après jaunâtres ou verdâtres. Cette maladie présente, à peu de chose près, les mêmes symptômes que la pleurésie.

Remede. La saignée à la jugulaire est le premier de tous les remedes : ne craignez pas de la réitérer jusqu'à six fois en quarante-huit heures ; le troisieme jour la saignée est moins avantageuse : mettez le malade à l'eau blanche tiede & miellée pour boisson & nourriture ; & si l'inflammation est violente, ne lui donnez qu'une solution de nitre & de miel dans l'eau : si malgré les saignées & la diete, l'inflammation ne cesse de croître, donnez soir & matin un bol composé d'une dragme de camphre, de demi-once de nitre, & de suffisante quantité de miel : si l'expectoration nasale s'établit, donnez un bol fait avec demi-once de fleur de soufre & suffisante quantité de miel : si la crise s'annonçoit par les sueurs, les seules couvertures de laine & les frictions séches sont suffisantes pour la favoriser : s'il y a sécheresse dans les naseaux, employez les vapeurs de l'eau chaude, relâchez les tuniques des intestins par des lavemens d'une infusion légere de feuilles de séné tenant en solution une once de nitre; ensuite donnez tous les jours deux ou trois lavemens mucilagineux, excepté le quatrieme & le sixieme : si les forces vitales sont opprimées, appliquez de larges vésicatoires sur une des parties latérales de la poitrine; réitérez leur application au bout de vingt-quatre heures, & faites un séton avec l'ellébore enduit de mouches cantharides.

Si ces remedes ne produisent aucun effet, que la difficulté de respirer subsiste, faites inspirer les vapeurs d'eau chaude huit ou dix fois par jour, parfumez avec l'encens & le benjoin; dès que les matières commenceront à s'écouler & que la fiévre sera un peu modérée, donnez des bols de térébenthine, de poudre de reglisse incorporée avec le miel. Si ce dernier remede ne réussissoit pas, passez à l'usage de l'eau de chaux édulcorée de miel, ou appliquez des vésicatoires à la face interne des cuisses. M. *Vitet.*

Autre maladie appellée Fic.

C'eſt une excroiſſance charnue, légere, dure, indolente, dénuée de poil, qui vient ſur les parties extérieures du corps.

Remede. Tirez les fics par leur baſe étroite, ou coupez-les avec des ciſeaux très-près de la peau, & appliquez enſuite ſur la plaie la pierre infernale. Les fics plats & larges peuvent être détruits avec le beurre d'antimoine ou l'eau-forte : on peut encore employer le feu. M. *Bourgelat.*

M. *Vitet* préfére l'inſtrument tranchant, pourvu qu'il pénétre juſqu'à la racine du mal.

Autre maladie appellée Verrue.

Les verrues affectent ordinairement les paupieres, les mamelles, le ſcrotum, le fourreau & la vulve.

Remede. Eloignez les cauſtiques & l'inſtrument tranchant ; ſervez-vous de la ſoie bien torſe dont vous lierez fortement la baſe de la tumeur : quelques jours après la verrue ſe détachera pour ne plus paroître. M. *Vitet.*

Autre maladie appellée Morſure par les poux, ou Pouilleatement.

Voyez ci-après au chap. des Bœufs.

Autre maladie appellée Ebullition.

Elle ſe manifeſte dans le cheval par

des élevures peu considérables, & accompagnées de démangeaison plus ou moins forte & attaque différentes parties du corps.

Remede. On y remédie par une diete humectante & rafraîchissante, par la saignée, par les lavemens & par les bains. M. *Bourgelat*, & après M. *Vitet*.

Autre maladie appellée Ulcere.

C'est une solution de continuité avec suppuration.

Remede. Si l'ulcere est simple, les chairs belles & le pus louable, le digestif seul, animé de quelques gouttes d'eau-de-vie, suffit pour le déterger. M. *Lafosse fils.* M. *Vitet.*

Si les parois de l'ulcere sont relâchés, & que le pus vienne en grande abondance.

Remede. Servez-vous de suc de feuilles de noyer plus ou moins saturées de miel, ou de l'onguent égyptiac, ou du suc de feuilles de chélidoine. M. *Vitet.*

Si les bords de l'ulcere se durcissent & deviennent ce qu'on appelle calleux.

Remede. Ayez recours à l'instrument tranchant, & pansez avec l'onguent égyptiac. M. *Lafosse fils.* M. *Vitet.*

Si l'ulcere attaque les tendons.

Remede. Employez les balsamiques & les spiritueux. M. *Lafosse fils.*

Si l'ulcere est sinueux.

Remede. Ouvrez le sinus dans toute sa

longueur avec le bistouri, ou faites une contr'ouverture, si vous ne pouvez le dilater entièrement. M. *Lafosse fils*. M. *Vitet*.

Si l'ulcere est putride.

Remede. Détergez-le avec la décoction d'aristoloche, de centaurée, de feuilles de noyer, &c., ou avec le digestif animé de teinture d'aloès ou de mirrhe; & couvrez l'abcès de compresses imbibées d'eau-de-vie camphrée, ou d'une légere dissolution de sel marin ou de vitriol blanc. M. *Lafoss fils*.

Observez dans tous les cas que lorsque l'ulcère est détergé, les étoupes simples & cardées sont les meilleurs dessicatifs & incarnatifs. M. *Lafosse fils*. M. *Vitet*.

Autre maladie appellée Gangrene.

C'est lorsqu'une partie du corps ne jouit plus de mouvement & de sentiment, qu'elle devient noire, molle & lâche, qu'il en coule une sanie noirâtre & qu'il en sort une odeur fétide.

Remede. Elle est ordinairement produite par des causes extérieures, telles que les ligatures, les étranglemens, la morsure des bêtes venimeuses, &c. *La gangrène par les ligatures*, est détruite par les scarifications; *celle par la morsure*, exige les scarifications, les fomentations spiritueuses & aromatiques; *celle qui arrive après des charbons pestilentiels*, est promptement guérie par la cautérisation; *enfin celle produite par la* brûlure, se dissipe par l'usage des émolliens & les défensifs, sur les bords de la partie gangrenée. M. *Bourgelat.*

Autre remede. Dès qu'une partie enflammée est menacée de gangrene, saignez; ensuite fomentez avec l'infusion d'absinthe, de romarin, &c. si la gangrene fait des progrès, employez la teinture de mirrhe & d'aloès; saignez deux ou trois fois, lorsqu'il y a fiévre; si le pouls est petit, accompagné de frissons, donnez une once de thériaque délayé dans une chopine de vin; si elle prend de l'accroissement, scarifiez jusqu'au vif, & appliquez-y des plumasseaux chargés de pierre à cautere, ou d'alun brûlé, ou du vitriol blanc. (M. *Vitet* dit que l'acide marin l'emporte sur ces substances, & que les saignées ne sont point indiquées, dès que la gangrene est déclarée.) M. *Lafosse fils.*

Autre maladie appellée Garrot blessé.

Si ce n'est qu'une enflure ou tumeur.
Remede. Prenez des orties pilées, faites-les tremper dans l'urine d'homme, ensuite appliquez-les dessus, ou bien frottez-la souvent avec de l'eau-de-vie & du savon noir. M. *Lafosse fils* dit de la frotter avec de l'eau salée, & si elle vient à suppuration, ouvrez-la promptement & pansez avec le digestif animé d'eau-de-vie ou avec la teinture de térébenthine, si les apophyses épineuses des vertébres sont endommagées.

Avis au Peuple

Autre maladie appellée Cors.

La felle ou le bât produit fur la partie latérale des côtes cette tumeur inflammatoire.

Remede. Procurez-en la réfolution avec de l'eau-de-vie, tenant en folution de favon de l'eau faturée de fel ; fi la tumeur fe termine par la fuppuration, ouvrez l'abcès, panfez avec l'onguent digeftif, & terminez la cure par l'onguent égyptiac.

Autre maladie appellée Rognon bleffé.

C'eft une enflure fur le rognon qu'il ne faut pas négliger.

Remede. Employez les mêmes que ci-deffus.

Autre maladie appellée Démangeaifon de la queue.

Remede. Faites macérer des feuilles de tabac dans de l'efprit-de-vin, & lavez la queue du cheval avec cette liqueur. M. *Carbon de Befgrieres.*

Autre maladie appellée Conftipation.

Voyez ci-après au chapitre des bêtes à laine.

Autre maladie appellée Fracture.

Il eft très-certain que les animaux guériffent de ce fâcheux accident, en employant les mêmes moyens que la chirurgie indique pour les fractures de l'homme, obfervant de le tenir fufpendu dans l'écurie. M. *Soleifel.* M. *Bourgelat.* M. *Vitet.*

Autre maladie appellée Ecart.

C'eſt la féparation accidentelle, ſubite & forcée du bras, d'avec le corps du cheval ; ſi cette disjonction eſt telle qu'elle ne puiſſe être plus violente, on l'appelle entr'ouverture ; on connoît cette maladie lorſque le cheval fauche en marchant.

Remede. Mettez le cheval à l'eau (M. *Soleifel* obſerve de le faire nager un quart-d'heure le matin & un quart-d'heure le ſoir) ; ſaignez à la veine jugulaire ; à ces remedes ſuccéderont les frictions faites avec des répercuſſifs & des réſolutifs ſpiritueux & aromatiques, des lavemens émolliens.

Si l'écart ſe termine par la ſuppuration, il faut la favoriſer avec l'onguent baſilicon, ouvrir l'abcès dans l'endroit le plus noir & le déterger ; n'oubliez pas de terminer la cure par un purgatif : pendant le traitement, tenez l'animal à l'eau blanche, retranchez-lui l'avoine, donnez-lui peu de fourrage, ne le laiſſez point ſortir de l'écurie & entravez-le. M. *Bourgelat.*

Autre maladie appellée Effort.

Dans l'effort de reins, le cheval ne recule qu'avec peine, ſa croupe balance quand il trotte ; s'il eſt extrême, à peine peut-il faire quelques pas en avant, il fléchit & se montre sans cesse prêt à tomber.

Dans l'effort des hanches, l'animal boîte plus ou moins, il semble baisser la hanche en cheminant & il traîne toute la partie lésée.

L'effort de jarret se connoît par l'enflure, la douleur, la claudication, l'action de traîner la jambe, de s'appuyer foiblement, & par la chaleur de la partie.

L'effort du jarret s'annonce par le peu de mouvement qu'on observe dans cette partie, lorsque le cheval chemine, par la crainte où il est de le porter en-dehors, & par l'obligation où sont les parties inférieures à celles-ci de traîner & de rester en arriere.

Remede. La saignée, les repercussifs aussitôt après l'accident ; ensuite les résolutifs en friction, en onction & en cataplasme ; les lavemens émolliens, l'eau blanche pour boisson, le son & peu de fourrage, sont les remedes indiqués pour les efforts. M. *Bourgelat.*

Autre maladie appellée Musaraigne.

C'est une tumeur inflammatoire qui attaque subitement la partie supérieure & interne de la cuisse ; elle est accompagnée de dégoût, de tristesse, d'abattement ; souvent de frissons, de la fiévre, d'une difficulté de respirer, & de la mort si on n'y apporte un prompt remede.

Remede. Les scarifications de la tumeur, les onctions sur les parties scarifiées, avec la teinture de térébenthine, les lavemens émolliens, les fomentations de la jambe affectée avec des infusions aromatiques, une diete sévére les premiers jours, & l'eau blanche pour boisson, sont les remedes proposés par M. *Lafosse pere.*

Autre remede. Scarifiez la tumeur ; bassinez la plaie avec une forte infusion de feuilles de rhue dans du vinaigre ; appliquez-y un cataplasme de feuilles de rhue, d'absinthe & de vin, & changez toutes les cinq heures ; enveloppez la jambe enflée avec du vinaigre saturé de sel marin ; réitérez trois ou quatre fois par jour les lavemens composés d'une infusion aqueuse de feuilles de sauge, tenant en solution du nitre sur un pot d'infusion ; faites un séton au poitrail avec l'ellébore ; donnez pour boisson & nourriture, de l'eau blanche nitreuse ; ensuite administrez par degrés insensibles, du son, de la paille & du foin ; faites prendre les cinq premiers jours deux bols composés de deux onces de nitre, de demi-once de camphre, & de suffisante quantité de miel, un le matin & l'autre le soir ; ne couvrez point le malade de peur d'exciter la sueur. M. *Vitet.*

C'est une vraie erreur d'attribuer cette maladie à la morsure de la musaraigne ou museite, espece de taupe dont la construction met cet animal dans l'impossibilité de mordre le cheval.

Autre maladie appellée Crampe.

Un des muscles de la jambe ou du dos, est tout-à-coup attaqué de rigidité & de douleur.

Remede. Frottez le muscle contracté jusqu'à ce que la rigidité & la douleur soient calmés; si l'animal étoit souvent attaqué de cette maladie, faites-le baigner tous les jours trois ou quatre heures; tenez-le à un régime humectant, c'est-à-dire, à l'eau blanche, à la paille & au son humecté; ne le saignez que lorsqu'il y a pléthore bien sensible. M. *Vitet.*

Autre maladie appellée Mules traversieres.

C'est une maladie qui vient au boulet & aux plis du cheval & qui cautérise cet endroit, d'où il sort une humeur âcre & maligne qui s'entretient par les mouvemens du cheval; les chevaux de carrosse & de tirage y sont plus sujets que les autres.

Remede. Il faut raser le poil & mettre sur les mules du charbon pilé, des savates brûlées, ou de la sauge séchée & pulvérisée; ou bien prendre de l'huile bien claire & de l'eau-de-vie, autant de l'un que de l'autre; les bien mêler dans une fiole & en frotter le mal jusqu'à guérison. *L'Auteur de la Nouvelle Maison Rustique.*

Autre maladie appellée Encheveſtrure.

Cet accident arrive lorſque les animaux ſe prennent le pied dans la longe de leurs licols, ou au pâturage dans une corde, ſe débattent & s'écorchent dans les plis du paturon.

Remede. Le même que celui pour les mules traverſieres; ſi la jambe enfloit conſidérablement, appliquez-y tous les jours de l'emmiellure blanche, & frottez toute la jambe journellement avec l'onguent de duc, qui ſeul guèriroit le mal s'il étoit ſimple. M. *Soleiſel.*

Autre maladie appellée Jambes travaillées, foulées ou uſées.

Remede. Si c'eſt en été, menez tous les jours votre cheval à la riviere, & laiſſez-l'y deux heures juſqu'au-deſſus du jarret; ou bien faites mener votre cheval dans une prairie; faites ramaſſer de la roſée avec une éponge, & faites-en bien frotter les jambes. M. *Soleiſel.*

Autre maladie appellée Enflure aux jambes.

Cette maladie demande les purgatifs, les ſudorifiques, les aromatiques, & les ſpiritueux en fomentation: ſi ces remedes ne réuſſiſſent pas, donnez le feu par raie; c'eſt le remede le plus efficace. M. *Lafoſſe fils.*

M. *Vitet* observe qu'il ne faut pas que les raies de feu attaquent le tissu cellulaire, mais simplement qu'elles agissent sur la peau proprement dite ; ce qui fait à-peu-près les mêmes effets que les cataplasmes & les emplâtres astringens.

Autre Remede. Détrempez de la fiente de vache avec de bon vinaigre, & frottez-en tous les jours les jambes enflées. M. *Soleisel* dit que le remede est très-bon.

Autre maladie appellée Malandres ou Solandres.

C'est une espece de galle ou crévasses, qui viennent au pli du genou ou aux plis du jarret, & qui jettent quelquefois des eaux rousses.

Remede. Cette maladie céde à l'eau d'alibour ou à la teinture d'aloès. M. *Lafosse fils.*

Autre remede. L'infusion de feuilles de tabac dans l'esprit-de-vin, dessèche & dissipe les malandres & solandres.

Autre maladie appellée Suros, Fusées ou Osselets.

C'est un calus ou une dureté qui vient sur l'os de la jambe, nommée le canon qui est au-dessous du genou.

Remede. Quoique plusieurs Auteurs ayent donné une infinité de remedes pour cette maladie, M. *Lafosse fils* dit qu'elle n'en demande aucun.

Autre maladie appellée Vessigon.

C'est une tumeur molle, indolente qui vient au jarret du cheval.

Remede. Les cataplasmes, les onguens résolutifs, les vésicatoires & le feu, sont les remedes indiqués. M. *Vitet.* M. *Lafosse fils* ne conseille que le feu par raies, sur lesquelles il faut mettre de la poix grasse avec de la bourre.

Autre remede. Prenez une once d'onguent égyptiac, une once d'esprit-de-vin, une once essence de térébenthine, une once térébenthine mêlés ensemble, & frottez-en le vessigon pendant sept à huit jours; ce remede a été éprouvé par moi sur un cheval que j'avois, atteint de cette maladie, & qui a été parfaitement guèri.

Autre maladie appellée Varices.

Ce sont des especes de veines enflées, ou plutôt des tumeurs molles & sans douleur qui viennent au jarret du cheval.

Remede. Le même que pour le vessigon. M. *Vitet* M. *Lafosse fils* observe que cette maladie ne souffre aucun remede.

Autre maladie appellée Mollete.

C'est une petite tumeur molle qui vient fréquemment au boulet sur le tendon, & plus souvent entre le tendon & l'os du canon.

Remede. Le même que pour le veſſigon. M. *Vitet.*

Autre maladie appellée Eaux des Jambes.

C'eſt un écoulement d'une férofité âcre qui ſuinte continuellement des jambes.

Remede. Commencez par la ſaignée, les lavemens & les purgatifs, où vous n'oublierez pas de faire entrer le mercure doux; enſuite vous mettrez en uſage le *crocus metallorum* à la doſe de demi-once par jour, mêlée avec du ſon; vous y ajouterez trente grains d'æthiops minéral, dont on peut augmenter la doſe juſqu'à une dragme; la tiſane de buis & la poudre de vipére, ſont d'un très-grand ſecours; quelques jours après avoir tenu l'animal à ces remedes, il faut couper le poil de la partie affectée, la laver avec du vin chaud; & lorſqu'il y a un léger écoulement, avec de l'eau-de-vie & du ſavon : ſi le flux eſt conſidérable, baſſinez l'extrêmité affectée avec de l'eau, dans laquelle vous aurez fait diſſoudre de la coupe-roſe blanche & de l'alun, ou avec de l'eau de chaux ſeconde; dès que les eaux commencent à détruire la liaiſon du ſabot & de la couronne, deſſéchez-les à cet endroit avec l'onguent de pompholix, & laiſſez fluer partout ailleurs. M. *Bourgelat.*

Autre remede. L'infuſion de feuilles de tabac dans l'eſprit-de-vin diſſipe les eaux rouſſes.

Autre maladie appellée Capelet.

C'eſt une tumeur flottante ſur la pointe du jarret.

Remede. Donnez-y le feu. M. *Lafoſſe fils.*

Autre maladie appellée Queues-de-Rat ou Arrettes.

Ce ſont de petits calus élevés & dégarnis de poil qui naiſſent le long & à côté du nerf de la jambe du cheval, bien au-deſſous du jarret en deſcendant juſqu'au boulet.

Remede. Il faut ſuivre la même méthode que pour guèrir les eaux. M. *Bourgelat.*

Autre maladie appellée Courbe.

C'eſt une tumeur dure & calleuſe qui vient en longueur au-dedans du jarret.

Remede. On peut tenter dans le commencement, de la diſſoudre avec quelque topique réſolutif, dans lequel le mercure eſt employé, ou avec l'emplâtre de galbanum; cependant on croit que ce ſeroit inutilement : que le ſeul remede eſt le feu, & qui encore ne la guèrira pas. M. *Soleiſel.*

Autre maladie appellée Eparvin.

C'eſt une tumeur froide & dure, groſſe comme une noix, qui s'engendre au-deſſous du jarret & en-dedans ſur les os de la jointure.

Remede. Cette maladie est incurable, (MM. *Genson*, *Bourgelat*, *Soleisel*) à moins qu'on n'y veuille appliquer le feu, encore ce remede est très-incertain. M. *Lafosse fils.*

Autre maladie appellée Crévasses.

Ce sont de petites fentes qui croissent au pli du paturon.

Remede. Employez les mêmes remedes que pour les eaux. M. *Bourgelat.*

Autre maladie appellée Entorse.

C'est un effort violent, par lequel l'articulation est forcée ; la claudication, l'action de traîner la partie souffrante, la chaleur, la dureté & le gonflement, en sont les symptômes.

Remede. L'application de l'oxicrat sur la partie récemment affectée, souvent empêche l'inflammation & les autres accidens ; lorsque l'inflammation survient, la saignée, les cataplasmes légérement résolutifs la dissipent pour l'ordinaire.

Si l'inflammation se termine par la suppuration, hâtez - la, ouvrez l'abcès avec le cautere actuel, & pansez l'ulcere avec les remedes indiqués pour cette maladie.

Quand l'inflammation se termine par induration, employez le *diachilum*, l'emplâtre de mercure. M. *Bourgelat.*

Autre maladie appellée Crapaudine.

C'est une ulcere qui naît au-devant des pieds des chevaux, & plus haut que la couronne.

Remede. Employez les mêmes remedes que pour les eaux des jambes. M. *Bourgelat.*

Autre maladie appellée Porreaux.

C'est un mal qui vient sur le boulet ou au paturon en forme de tête de porreau.

Remede. Coupez-le, ensuite pansez la plaie avec l'onguent égyptiac. M. *Lafosse ls.*

Autre maladie appellée Javart.

C'est une espece d'ulcere avec bourbillon qui attaque les tégumens du paturon, ou la gaine du tendon, ou le cartilage du pied ; il y en a de trois sortes, le simple, le nerveux & l'encorné.

Remede pour le Simple. M. *Vitet*, dit que l'illustre *Soleisel* recommande un cataplasme fait avec le levain, les gousses d'ail & un peu de vinaigre, jusqu'à ce que le bas s'ouvre & que le bourbillon commence à sortir ; ensuite pansez avec l'onguent suppuratif, & si le bourbillon sortoit avec peine, avec l'onguent égyptiac, & si l'ouverture de l'abcès est trop petite, dilatez-la avec le bistouri.

Remede pour le Nerveux. On connoît

que l'ulcere a pénétré dans la gaine du tendon, lorsqu'après la fortie du bourbillon il fuinte de l'abcès, par une petite ouverture, une matière purulente plus ou moins fanieufe, & lorfque la fonde pénétre jufqu'à la gaine du tendon.

Introduifez la fonde jufqu'au fond de l'ulcere, & à l'aide de la cannelure de la fonde ; dilatez avec le biftouri l'ulcere dans toute fa longueur ; enfuite appliquez fur la gaine du tendon, du digeftif animé d'eau-de-vie ; le bourbillon forti & les parois de l'ulcere détergés, panfez avec l'onguent égyptiac. M. *Lafoffe fils.* M. *Vitet* paroît ne pas s'écarter de cette méthode ; il dit de finir la curation par des plumafeaux fecs.

Remede pour l'Encorné. Cet ulcere vient fur la couronne au commencement du fabot ; employez les fuppuratifs pour détacher & faire fortir le bourbillon : s'il ne fe détache pas au bout de quatre ou cinq jours, faites marcher le cheval. (M. *Vitet* défapprouve de faire marcher le cheval, & dit que l'onguent égyptiac, le fuc de chélidoine, le fuc des feuilles de noyer mis fur l'ulcere, font des moyens plus fûrs & moins dangereux.) Le bourbillon forti, panfez l'ulcere avec l'onguent égyptiac ; mais fi après la fortie du bourbillon il fuinte une matiere liquide, & qu'on fente avec la fonde un fonds ou une cavité, le cartilage eft carié ; parez alors le pied pour amincir la fole : s'il y a de la matiere sous la sole de corne, dessolez le cheval, coupez avec le boutoir la corne qui est sur le cartilage ; ensuite enlevez avec la feuille de sauge le cartilage à la partie supérieure, & avec la tenette tout le reste du cartilage ; mettez au fonds de la plaie, des plumasseaux imbibés d'essence de térébenthine ; couvrez-les de plumasseaux épais & secs, pour bien comprimer la plaie & en empêcher l'hémorragie ; levez cet appareil au bout de cinq à six jours, ensuite pansez plus souvent avec l'essence de térébenthine. M. *Lafosse fils*, après lui, M. *Vitet*, qui ajoute seulement qu'il faut lever l'appareil dans trois ou quatre jours, & que s'il y a hémorragie, il faut appliquer sur l'ouverture de l'artere de l'amadou ou du vitriol, &c.

Autre maladie appellée Forme.

C'est une grosseur carneuse & calleuse qui vient sur le devant du paturon, entre la couronne & le boulet, sur l'un des deux tendons, & vient plus aux pieds de devant qu'à ceux de derriere.

Remede. Après avoir rasé la forme, cicatrisez-la légérement avec le rasoir ; ensuite frottez-la rudement avec du sel commun pulvérisé, jusqu'à ce que le sang en soit sorti ; cela fait, appliquez-y un résolutif composé de racine de guimauve, de semence de lin, de chacun deux gros, & on les fait cuire dans une décoction de feuilles de mauve avec du fain-doux ; le tout ayant bouilli, appliquez-le chaudement & continuez jufqu'à la diffolution de la tumeur.

Alors appliquez-y de l'onguent fait avec une livre de miel, demi-livre de térébenthine, quatre onces de galbanum, demi-once d'encens, une livre de poix noire, & demi-livre de farine de féves; incorporez le tout, faites le bouillir dans un pot avec quatre onces de bon vinaigre ; & lorfque le tout eft réduit en forme d'onguent, en appliquez fur le mal jufqu'à ce que l'efcarre foit tombé, & lavez la plaie avec d'urine toutes les fois que vous panferez le cheval. M. *Soleifel*.

M. *Lafoffe fils* dit que lorfque les cataplafmes émolliens n'ont pu diffiper la forme, il faut faire pénétrer des raies de feu jufques dans le fabot, éloïgnés les unes des autres de cinq lignes, & mettre par-deffus les plumaffeaux imbibés d'huile de laurier, & huit ou dix jours après l'opération, envoyez le cheval au labour.

Autre maladie appellée Entretaillure.

Un cheval s'entretaille lorfqu'en cheminant il s'atteint la partie latérale interne du boulet, & quelquefois à fa portion poftérieure.

Remede. On remédie à l'entretaillure par la ferrure. M. *Bourgelat*.

Autre

Autre maladie appellée Nerferure.

C'est un coup sur le tendon du pied que le cheval se donne avec le pied de derrière.

Remede. Il faut frotter souvent & pendant demi-heure le mal avec de l'huile d'olive bien chaude, mêlée avec de l'eau-de-vie, M. *Soleisel*; ou bien bassiner la jambe affectée avec une infusion de sauge où l'on ajoute un tiers d'eau-de-vie camphrée, & appliquez-y des compresses imbibées de cette liqueur. Si un mois après ce traitement le mal ne diminue pas, mettez-y le feu, & continuez de fomenter la partie affectée avec l'eau-de-vie camphrée. M. *Lafosse fils*.

Autre maladie vulgairement appellée Crapaud.

C'est une excroissance fongueuse, qui naît ordinairement dans le corps spongieux, d'où la fourchette tire sa forme & sa figure.

Remede. Après avoir saigné & purgé le malade, emportez l'excroissance avec un instrument tranchant. Si le crapaud intéresse les parties internes du pied, il faut dessoler l'animal. M. *Bourgelat*.

Autre maladie appellée Encartelure.

Elle consiste dans un retrécissement extrême des talons auprès de la fente de la fourchette, d'où il résulte une douleur très-vive, qui eſt décélée par la chaleur du pied & par la claudication. La ſéchereſſe du pied & la mauvaiſe ferrure, ſont les principes ordinaires de cette maladie.

Remede. On peut éviter la ſéchereſſe de la corne, par l'uſage réitéré d'un onguent fait avec la cire neuve, le ſain-doux & l'huile d'olive; mais lorſque l'encartelure exiſte réellement, le parti le plus ſûr eſt de deſſoler l'animal. M. *Bourgelat.*

M. *Vitet* dit que pour la ſéchereſſe de la corne, les onguens, les huiles & les graiſſes, ne peuvent rien par eux-mêmes; qu'ils ne pénétrent point dans les dernieres couches de la corne; qu'ils ne lubrifient que la ſurface; que les meilleurs remedes ſont les cataplaſmes avec la mie de pain & le lait, qu'on changera toutes les douze heures; de l'eau blanche pour boiſſon; pour nourriture, beaucoup de ſon avec des plantes fraîches; les lavemens rafraîchiſſans, le repos & la propreté des écuries.

Autre maladie appellée Enclouure.

Dans la ſimple piqûre du pied, lorſqu'on retire le clou ſur le champ, il n'y a rien à faire. Si le cheval venoit à boîter, & qu'il ſe fût formé de la matiere, parez bien le pied, faites une ouverture juſques dans le fond de la piqûre, & mettez-y des tentes imbibées d'eſſence de térébenthine.

Lorſque le clou a été planté dans la chair cannelée du pied & qu'on l'y a laiſsé, voilà la vraie enclouure. Il faut, aussitôt qu'on s'en apperçoit, retirer le clou, faire une ouverture profonde entre la sole de corne & la muraille, aller jusqu'au vif de la chair cannelée, & panser comme la piqûre.

Malgré cette ouverture, la matiere peut fuser jusqu'au-dessus du sabot vers la couronne ; il faut alors donner issue au pus, en ouvrant les tégumens qui contiennent le pus.

Si l'os du pied est altéré, il faut alors dessoler le cheval, enlever les corps étrangers, appliquer sur la sole charnue, des plumasseaux imbibés d'essence de térébenthine, que vous maintiendrez avec deux éclisses de bois flexible, & avec un fer préparé pour cela, & envelopper le sabot de rémolade : le cinquieme jour levez l'appareil & pansez avec l'essence de térébenthine ; la térébenthine, ou une teinture, si l'os est affecté, ou avec l'onguent égyptiac, si les chairs prennent trop d'accroissement. M. *Lafosse fils*, après lui M. *Vitet*.

Maniere de Dessoler un Cheval avec le plus d'avantage & la moindre douleur possible.

Diminuez l'épaisseur de la sole de corne; rendez-la flexible en la parant & en appliquant sur tout le pied malade, du cataplasme de mie de pain avec le lait, que vous renouvellerez toutes les six heures;

mettez ensuite le patient dans le travail, après avoir cerné avec la corniere du boutoir la sole autour de la muraille jusqu'aux talons, dont il faut couper les arcboutans, après avoir serré fortement le paturon avec une corde, pour comprimer les arteres latérales, après avoir soulevé la sole de corne autour des parois du sabot, avec un instrument fort large, un peu tranchant & incapable d'intéresser la sole charnue au moyen du leve-sole, que vous vous garderez bien d'introduire entre l'os du pied & la muraille.

La sole de corne étant ainsi soulevée & séparée de la sole charnue, prenez-la avec les tricoises, ayant pour point d'appui la sole du côté opposé à celui-ci que vous détachez; à peine un côté de la sole est-il détaché, que vous souleverez l'autre de la même maniere, & que vous prendrez la sole en pince avec les tricoises, pour la renverser sur les talons & l'enlever.

Après l'opération il faut examiner l'état du pied, sur le champ enlever les corps étrangers & les esquilles, prévenir la carie & y remédier si elle existe; ensuite attachez avec quatre clous un fer préparé; mettez sur la sole charnue des plumasseaux trempés dans l'essence de térébenthine & assujettis avec des éclisses passées entre l'extrêmité inférieure du sabot & le fer; engraissez la corne du pied avec un mélange de graisse & de miel; enveloppez tout le pied d'un bandage convenable; levez l'appareil trois ou quatre fois par jour après l'opération en hiver, & au bout de deux jours en été; évitez en passant de ne pas comprimer ni irriter la sole charnue; éloignez les huiles, les graisses & les onguens: les spiritueux, le vin saturé de sucre & de miel, l'eau-de-vie plus ou moins saturée de térébenthine, le digestif fait avec un peu de jaune d'œuf & beaucoup d'eau-de-vie, sont les remedes les plus propres à favoriser la régénération de la sole. M. *Vitet*, qui a copié M. *Lafosse fils*, & a ajouté les spiritueux pour la régénération de la sole.

Autre maladie appellée Clou de Rue.

Tout corps étranger qui pénétre dans la sole de corne, constitue le clou de rue.

Remede. Quelquefois des gouttes d'eau-de-vie, ou d'essence de térébenthine à la place du corps étranger, suffisent pour une parfaite guérison au bout de huit ou dix jours.

Si au contraire il y avoit des symptômes dangereux, & qu'après avoir fait une ouverture assez grande pour contenir des plumasseaux imbibés d'esprit-de-vin ou de teinture de térébenthine, le mal ne cédoit point, il faut dessoler l'animal, & panser comme nous venons de dire ci-devant. M. *Vitet*.

Autre maladie appellée Teignes.

C'est une pourriture qui vient à la fourchette des pieds des chevaux, fort puante, & qui leur cause une démangeaison extraordinaire, & les fait presque toujours boîter.

Remede. Il faut parer le pied du cheval, & surtout la fourchette le plus qu'on peut, ensuite la laver avec du bon vinaigre, & le lendemain y appliquer de l'onguent fait avec une livre de miel, vert-de-gris, vitriol & noix de galle deux onces bien pilés, tamisés, & le vitriol seulement concassé, cuits ensemble à petit feu à consistance d'onguent; à la deuxieme ou troisieme application, le cheval sera guéri. M. *Soleisel.*

Autre maladie appellée Peigne.

C'est un mal qui croît sur le paturon des chevaux, & qui regne quelquefois jusqu'au boulet; c'est une certaine gratelle farineuse, qui fait tomber ou hérisser le poil des endroits où elle naît.

Remede. Frottez avec un bouchon les peignes pour les échauffer, ensuite jettez-y du tabac en poudre, ou bien frottez-les légérement avec de l'esprit de vitriol ou d'esprit de sel. M. *Soleisel.*

Autre maladie appellée Seime, Quarte.

C'est une fente aux pieds des chevaux, qui se fait à la muraille, depuis la couronne jusqu'en bas : elle vient aux quartiers & en pince.

Remede. Rafraîchissez les bords de la

partie supérieure de la seime commençante, allez jusqu'au vif, mettez-y des plumasseaux chargés de térébenthine, & entretenez le sabot souple, en l'enveloppant de rémolade; si la chair cannelée surmonte entre les bords de la seime, rafraîchissez-les, coupez la chair, & appliquez sur la plaie un plumasseau imbibé d'essence de térébenthine, que vous maintiendrez avec une ligature longue & serrée. Si au bout de quinze jours la plaie fournit de la matiere, sondez-la; lorsque l'os est carié, mettez une pointe de feu sur la carie, & pansez avec le digestif ou l'essence de térébenthine. M. *Lafosse fils.*

M. *Vitet* observe que tous les maréchaux ne suivent pas cette méthode, dont il ne s'éloigne pas; les uns introduisent dans la seime des caustiques; les autres, & c'est le plus grand nombre, mettent trois S de feu à un pouce de distance les uns des autres, de façon que le milieu de chaque S traverse la fente; & afin de sonder la seime vers la couronne, ils appliquent un fer rouge en forme de croissant, moitié sur la couronne, moitié sur la corne.

Autre maladie appellée Bleime.

C'est certaine meurtrissure & inflammation, qu'un sang corrompu cause dans le sabot, entre la sole & le petit pied.

Remede. Il faut ouvrir le mal jusqu'au vif avec le boutoir ou la renete, pour en faire sortir la matiere, & mettre dedans du baume ardent ou de l'huile de merveille; ensuite envelopper le sabot avec une rémolade, composée de suie de cheminée & de térébenthine (M. *Lafosse fils*, exige seulement qu'on panse la plaie avec des plumasseaux imbibés d'essence de térébenthine). Si le mal s'opiniâtroit, & que la matiere causât beaucoup de ravage, il ne faut pas balancer à desoler le cheval. M. *Soleisel.*

M. *Vitet* dit, que dès le commencement, il faut appliquer sur la bleime, de l'eau-de-vie saturée de camphre, & s'il y a inflammation, de substituer au camphre du sel de saturne, & du restant suivre l'avis de M. *Lafosse fils.*

Autre maladie appellée Avalure.

C'est la séparation de la corne d'avec la peau vers la couronne.

Remede. Mettez sur l'avalure une tente imbibée d'essence de térébenthine, & un plumasseau chargé de térébenthine par-dessus, & couvrez la couronne d'onguent de pied. M. *Lafosse fils.*

Autre maladie appellée Cérise.

C'est une excroissance de chair qui arrive à la sole charnue, & qui surmonte la sole de corne.

Remede. Si la cérise est à la chair cannelée, il faut la couper, & comprimer la plaie avec des plumaſſeaux ; ſi elle eſt à la ſole charnue, deſſolez, coupez-la & comprimez la plaie avec un plumaſſeau. M. *Lafoſſe fils.*

Autre maladie appellée Fourmiliere.

C'eſt un vuide qui ſe fait entre la chair cannelée & la muraille ; ce vuide regne ordinairement depuis la couronne juſqu'au bas.

Remede. Ouvrez la partie intérieure & ſupérieure du ſabot ; introduiſez dans l'ouverture, des tentes chargées de térébenthine, mêlées avec l'onguent de pied, ou bien rapez la muraille juſqu'au vif, & panſez la plaie avec un mélange de térébenthine & de miel. M. *Lafoſſe fils.*

Autre maladie appellée Pieds-Solbattus.

C'eſt lorſque la ſole eſt foulée, meurtrie & altérée, que le cheval a marché deferré, ou que le fer porte ſur la ſole, &c. On trouve la ſole ſéche & douloureuſe.

Remede. La plupart des marechaux deſſolent ; mais il faut n'en venir là, qu'après avoir épuiſé les autres remedes.

Faites blanchir la ſole avec le boutoir, & faites referrer avec quatre clous ſeulement ; enſuite faites fondre de la poix noire ou du vinaigre, avec de ſuie de cheminée, dont on fait une bouillie ; verſez-la toute bouillante dans le pied, & l'y laiſſez refroidir ; enfuite prenez une demi-livre de vieux oing, faites le fondre dans un poêlon, ajoutez-y une chopine de vinaigre, & épaiſſiſſez le tout avec du ſon, & appliquez-le chaudement autour du pied, & l'enveloppez, & continuez juſques à guériſon. M. *Soleiſel.*

Autre maladie appellée Atteinte.

C'eſt une meurtriſſure ou une plaie, que les chevaux ſe font les uns les autres, ou eux-mêmes, à la partie ſupérieure de la couronne.

Remede. Lorſque la plaie eſt ſuperficielle, panſez-la avec une poudre deſſicative ; ſi elle eſt profonde, panſez-la avec du digeſtif, juſqu'à ce qu'il en ſorte un petit bourbillon ; mais ſi le bourbillon ne fond pas, & qu'il ait altéré le cartillage, l'atteinte a dégénéré en javart encorné, & panſez-la ainſi. M. *Lafoſſe fils.*

Autre maladie appellée Ganglion.

C'eſt lorſque le tendon fléchiſſeur du pied a ſouffert une violente extenſion ; il ſurvient un gonflement qui regne depuis le genoux juſqu'au paturon, & au bout de douze ou quinze jours, il paroît ſur le tendon une tumeur ſquirreuſe, dure, indolente, ronde, inégale, pour l'ordinaire fixe.

Remede. Appliquez-y des cataplaſmes émolliens, & ſi quinze jours après le ganglion est formé, mettez-y le feu en pointe, & par-dessus de la poix grasse & de la bourre, & promenez le cheval au bout de trois ou quatre jours. M. *Lafosse fils.*

*N*ª. Le tendon fléchisseur du pied rompu en entier ou en partie, paroît, d'après les hommes les plus éclairés, une maladie incurable.

Maniere d'engraisser un Cheval.

Après l'avoir fait saigner, mettez dans un sceau d'eau huit livres de farine d'orge moulue grossièrement & non blutée : quand tout le gros aura coulé au fond du sceau, versez-en l'eau dans un autre sceau pour servir de boisson au cheval ; ensuite donnez-lui la farine qui est au fond du sceau, & cela trois fois, le matin, à midi & le soir. Donnez-lui du repos, du bon foin ; en vingt jours il engraissera notablement. Quand vous lui ferez quitter ce régime, purgez-le avec une once & demi d'aloès très-fin, autant d'agaric, & une once d'iris de Florence pulvérisé dans une pinte de lait bien frais ; ou bien donnez-lui deux fois par jour une livre d'aillets dont on nourrit les pigeons, cuits dans l'eau, avant de le mener boire, il engraissera bientôt. *L'Auteur de la Nouvelle Maison Rustique*, &c.

CHAPITRE II.

Du Bœuf & de ses maladies.

LE bœuf est l'animal le plus utile & le plus précieux pour l'homme ; il le nourrit & consomme le moins ; il rend à la terre tout ce qu'il en tire, & même il améliore le fonds sur lequel il vit ; il engraisse son pâturage, au lieu que le cheval & la plupart des autres animaux, amaigrissent en peu d'années les meilleures prairies.

Sans le bœuf, les pauvres & les riches auroient beaucoup de peine à vivre, la terre demeureroit inculte, les champs & même les jardins seroient secs & stériles : c'est sur lui que roule, pour ainsi dire, tous les travaux de la campagne ; il est le domestique le plus utile de la ferme, le soutien du menage champêtre ; il fait toute la force de l'agriculture ; sa taille & ses mouvemens semblent le rendre plus capable qu'aucun autre de vaincre la résistance constante & toujours nouvelle que la terre oppose à ses efforts.

Pour avoir de belle espece, il faut que le taureau soit gras, gros, & bienfait ; l'œil noir, éveillé ; le regard fier & affreux ; le front ouvert, la tête courte, les cornes grosses, courtes & noires ; les oreilles longues & velues ; le muffle grand, le nez court & droit, le cou fort charnu & fort gros, les épaules & la poitrine larges, les reins fermes, le dos droit, les jambes grosses & charnues, la queue longue & bien couverte de poil, l'allure ferme & sûre, le poil rouge ; & être de moyen âge, entre trois & neuf ans.

Les vaches doivent être grandes, âgées de trois ou quatre ans, dociles, abondantes en lait, fortes, élevées dans les montagnes abondantes en pâturages ou dans les plaines éloignées des eaux marécageuses ; il faut que les os du bassin soient évasés, la tête ramassée, les yeux vifs, les cornes courtes & fortes, l'espace compris entre les côtes & les os du bassin un peu long, le poitrail & les épaules charnues, les jambes grosses & tendineuses, la corne bonne, le poil rouge & uni. Les vaches d'Auvergne, de la Suisse & des Cevenes, sont réputées les meilleures pour la force & la bonté du lait.

A l'approche du tems où la vache pleine doit vêler, il faut la mettre dans un endroit séparé, faire bonne litiere, & tenir l'étable chaude l'hiver.

Aussi-tôt que le veau est né, on lui répand sur le corps une poignée de sel, & autant de miettes de pain pour exciter la mere à le lécher ; ce léchement fortifie le veau & est essentiel.

En hiver on donne à la vache des battes de bled bien criblé, mêlés avec trois picotins de son dans une chaudiere pleine d'eau chaude, pendant huit à dix jours, avec du bon foin ou de l'herbe féche en été, elle n'a befoin que d'herbe fraîchement coupée; & pour boiffon, de l'eau blanche : dans la fuite la nourrir à l'ordinaire, & y ajouter un peu d'avoine.

Il faut faire avaler au nouveau né un jaune d'œuf cru, le laiffer auprès de fa mere les cinq ou fix premiers jours. Au bout de ce tems on l'attache un peu à l'écart, afin qu'il ne tete plus que quand on le juge à propos; & après qu'il a teté on le ramene en fon lieu.

Huit à dix jours après, la mere va à la pâture, & on retient le veau, qu'il faut faire teter deux fois par jour : s'il répugne à prendre la tetine, c'eft une preuve qu'il a les barbillons, qu'il lui faut couper à la maniere que ci-après.

Il faut laiffer teter le veau au moins quarante jours, foit qu'on veuille le vendre ou l'élever; car le lait de vache ne vaut rien pendant les deux premiers mois.

Prenez toujours par préférence, fi vous voulez les élever, ceux qui font nés depuis le mois de Mars jufqu'au mois de Juin; fevrez-les à l'âge de deux mois; donnez-leur auparavant un peu d'herbe pour les y accoutumer; faites-les paître en été, enfermez-les la nuit.

Dans l'hiver tenez l'étable bien fermée & chaude; changez fouvent de litiere; donnez-leur du meilleur foin, & frottez-les bien avec de la paille.

Châtrez les mâles à deux ans feulement;

dans le mois de Mai ou à l'automne, par un tems modéré & doux.

A trois ans, vous pouvez les mettre au joug, après les y avoir dressé.

Quelle attention ne doit-on pas apporter à la conservation de cet animal !

On doit observer que toutes les maladies dont les bœufs pourront être attaqués, dont il n'est fait aucune mention dans ce chap., & qui sont détaillés dans celui des chevaux, doivent être traités suivant la méthode indiquée : *Et vice versa.*

Maladie appellée Fievre continue simple.

L'appétit diminue, la rumination est presque suspendue, les forces musculaires affoiblies, les yeux légèrement enflammés & tuméfiés, les oreilles, les cornes & les naseaux froids pendant un court espace de tems, la chaleur des tégumens assez grande.

Remede. Le repos, la diete, la saignée & les lavemens mucilagineux, sont les seuls remedes qu'on doit mettre en usage ; pour boisson de l'eau blanchie, & pour nourriture du son plus ou moins humecté, M. *Lafosse fils*, M. *Vitet.*

Autre maladie appellée Fievre maligne.

Les forces musculaires sont si affoiblies, que le malade est obligé de se tenir couché, les yeux sont tristes & larmoyans, le pouls presque dans son état naturel, le poil est terni, hérissé & tombe facilement quand on le tire; le malade refuse les alimens; la rumination cesse, les urines sont troubles, souvent claires & en petite quantité; la peau est séche, l'épine du dos douloureuse, la chaleur des tégumens est naturelle, rarement accompagnée de sueur; la respiration est grande, laborieuse, quelquefois petite, fréquente & avec soupirs; la bouche ordinairement séche, la langue blanchâtre, souvent un peu noirâtre; les matieres fécales ou fluides ou desséchées, sans avoir rien de fétide.

Remede. Si l'animal est jeune, vigoureux & plétorique, saignez-le deux fois à la veine jugulaire dans l'espace de six heures de tems; donnez-lui tous les jours deux bols faits avec demi-once de nitre, deux dragmes de camphre & suffisante quantité de miel; faites-lui boire, si la bouche est humide & les matières fécales humectées, deux livres d'infusion de feuilles de rhue ou d'absinthe dans du vin; au contraire, si la bouche est séche, contentez-vous de l'abreuver & de le nourrir avec de l'eau blanche; donnez plusieurs fois le jour des lavemens composés de l'infusion de feuilles d'absinthe plus ou moins saturées de nitre; dès que les forces vitales commencent à diminuer, appliquez sur le plat des cuisses de larges vésicatoires; ne saignez pas après le troisieme ou quatrieme jour; ne donnez aucun purgatif, ni rien qui puisse exciter la sueur; faites évaporer dans l'écurie de l'infusion de feuilles de sauge avec partie de vinaigre & d'eau-de-vie ; bouchonnez l'animal deux fois par jour ; tenez-le proprement & dans un air tempéré; ne lui donnez pour toute nourriture que de l'eau blanche. M. *Vitet*.

La noirceur & la sécheresse de la langue, les excrémens desséchés & noirâtres, les mouvemens convulsifs des extrêmités, l'agitation continuelle du corps, les tégumens chauds & desséchés, la respiration laborieuse, le pouls foible, le battement de flancs accompagné de soupirs, sont les signes avant-coureurs d'une mort prochaine.

Autre maladie appellée Fievre putride.

Les frissons, les chaleurs vives qui leur succédent, la véhémence du battement de flancs, sa tension, la difficulté excessive de la respiration, l'aridité de la bouche, une soif ardente, la position basse de la tête, beaucoup de peine à la relever, les yeux larmoyans, la marche chancellante, un dégoût constant, la fétidité des excrémens quelquefois peu liés, quelquefois durs, une urine aqueuse, la couleur fanée du poil, une espece de strangurie lorsque l'animal chemine, la persévérance à se tenir debout, sont les symptômes de cette maladie : il n'est pas rare de voir des vers dans les matieres fécales, & les urines troubles & fétides.

Remede. La saignée, les lavemens mucilagineux & les doux purgatifs, font les remedes indiqués. M. *Bourgelat.*

M. *Vitet* dit, qu'avant les purgatifs il faut donner des lavemens mucilagineux tenant en folution de crême de tartre, des boiffons blanches légerement acidules ; lorfque les forces vitales s'affoibliffent, donnez à l'animal une once & demi d'aloès, pulvérifé dans deux livres d'infufion d'abfinthe : fi la chaleur eft confidérable & que les matieres contenues dans les inteftins aient du penchant vers la putridité ; faites macerer dans deux livres d'eau faturée de crême de tartre, deux onces de feuilles de féné que vous donnerez en breuvage à l'animal ; ne donnez pour les vers aucune préparation mercurielle ; donnez plutôt des bols compofés de fuie de cheminée, d'aloès, de fuffifante quantité de miel : dès le troifieme jour vous pourrez purger le malade, particulierement fi les matieres contenues dans les premieres voies font abondantes ou produifent de grandes irritations, jufqu'au tems de la coction de la matiere fébrile, & fe contenter tous les jours de lavemens faits avec une légere infufion de feuilles de féné & d'abfinthe, tenant en folution plus ou moins de nitre.

Autre maladie appellée Fievre inflammatoire.

Les oreilles, les cornes, & les tégumens de l'animal font froids, le pannicule charnu est agité de tremblement, l'animal est inquiet, il se couche, se leve, ses yeux deviennent rouges, enflammés & larmoyans, les oreilles, les cornes & les tégumens prennent une chaleur considérable, la langue & le palais sont secs & brûlans, l'haleine est chaude & âcre, le malade porte la tête basse & les oreilles pendantes; il perd l'appetit, il promene le foin dans sa bouche, il flaire la terre, la rumination cesse, les femelles perdent leur lait, les excrémens sont secs, noirâtres & par petits pelotons ; tantôt l'animal fiente souvent & peu, tantôt il est constipé, urine rarement & quelquefois avec peine, l'urine du bœuf est rougeâtre, celle du cheval fort trouble, la respiration est souvent difficile & accompagnée de soupirs, les forces musculaires diminuent tous les jours & les forces vitales semblent s'accroître : ordinairement le malade est plus fatigué la nuit que le jour, & souvent l'inflammation attaque le troisieme, cinquieme ou le septieme jour, une partie interne ou externe du corps malade. Le poumon est de tous les visceres le plus exposé à cet accident : alors l'animal tousse fréquemment, il sort de ses naseaux une odeur plus ou moins fétide selon le tems de sa maladie, & l'intensité des symptômes, les tumeurs extérieures approchent du caractere du bubon, rarement de celui du charbon.

Si les symptômes sont violens, l'animal meurt le troisieme ou le cinquieme jour, ou la maladie se termine heureusement le septieme. Lorsque les symptômes marchent avec lenteur, la maladie se termine le onzieme ou le quatorzieme.

Remede. La saignée est de tous les remedes celui qui soulage le plus promptement le malade, & si l'inflammation s'empare du viscere, c'est souvent pour avoir manqué de réitérer la saignée les premiers jours de la maladie : on peut la répéter six fois en quarante-huit heures, si malgré cela la maladie ne prenoit point d'amendement, ne craignez pas de la réitérer le troisieme jour; beaucoup de boisson blanche nitreuse au cheval, & avec de crême de tartre au bœuf, & à la seule boisson blanche. Si la maladie approche de sa fin, la diete doit être sévère jusqu'au jour critique, l'eau blanche plus ou moins abondante en farine de froment, orge ou avoine. Si la maladie menace d'affecter le cerveau, les poumons ou les visceres de l'abdomen, appliquez des vésicatoires sur le plat des cuisses, & réitérez leur application jusqu'à ce que vous vous apperceviez d'un changement, & donnez des lavemens adoucissans composés d'une infusion de feuilles de mauve tenant en solution une once de nitre ou demi-once de crême de tartre sur deux livres de fluide. Vous pouvez, au commencement de la maladie, pendant deux ou trois fois, rendre ces lavemens purgatifs par une légere infusion de feuilles de séné saturée de crême de tartre.

S'il paroît quelques tumeurs inflammatoires, donnez tous vos soins pour les amener à suppuration par des cataplasmes de mie de pain, de lait, de levain, de pulpe d'oignon de lys; & si la tumeur avoit un caractere évident de malignité, extirpez-la avec l'instrument tranchant: si la tumeur diminuoit ou disparoissoit tout-à-coup, appliquez des ventouses sur la partie affectée. M. *Vitet.*

M. *Lafosse fils* dit que, dans les maladies inflammatoires, la saignée, la diete, les remedes tempérans & adoucissans en breuvage & en lavement sont indiqués; il conseille d'appliquer sur la tumeur les cataplasmes de mie de pain, & d'éviter tous emplâtres & graisses, & de ne se servir que de légers résolutifs.

Autre maladie appellée Fievre lente.

Lorsque l'animal qui n'a éprouvé aucune maladie inflammatoire, est tourmenté de fievre continue, qu'il maigrit & perd tous les jours l'appétit; on peut le regarder comme attaqué de fievre lente: M. *Bourgelat* dit que cette maladie se fait connoître par le marasme.

Remede. M. *Helvetius* à qui on avoit assez mal détaillé cette maladie sous le nom de *Trainée*, conseille de tenter de faire prendre à l'animal deux ou trois fois par jour dans sa nourriture, une demi-once d'antimoine crud, outre cela lui donner tous les matins une demi-once de diaphorétique minéral mêlé dans trois pintes d'eau blanche, & ne lui donner pour boisson que cette eau, & pour nourriture de l'orge ou du ris détrempé dans l'eau blanche.

M. *Vitet* conseille pour boisson de l'eau blanche tenant en solution plus ou moins de sel marin ; de promener l'animal, une heure le matin, une heure le soir ; de lui donner tous les jours trois livres de vin de rhue ou d'absinthe, pour nourriture de la paille d'avoine ou du son humecté avec de l'eau saturée de sel marin, & un lavement deux fois par jour d'une infusion de racine de gentiane tenant en solution une once de nitre sur trois livres d'eau : soupçonnez-vous obstruction dans le foie, prenez une once de gomme armoniac, deux onces de savon blanc & suffisante quantité de miel pour faire douze bols, dont vous donnerez tous les jours six, & pour nourriture, du son humecté avec de l'eau salée, & du bon foin sec & humecté d'une petite quantité d'eau saturée de sel.

Autre maladie appellée Scorbut.

Cette maladie se manifeste comme aux cochons, par des grains de ladrerie à la levre de dessus & de dessous & à la langue qui est fort rude : elle tombe dans peu de jours & l'animal meurt aussi-tôt.

Remede. Gratez d'abord avec une cuiller d'argent les marques du scorbut jusqu'à ce qu'il n'y ait plus rien de rude, plus la langue saigne, mieux c'est ; ensuite frottez ces endroits avec la pierre de vitriol, faites saigner l'animal & gargarisez-lui la bouche avec le gargarisme qui suit.

Prenez une poignée de gousses d'ail, deux pintes de fort vinaigre, une poignée de la plante nommée éclaire, une poignée de ronces, force sel & poivre & laissez infuser le tout pendant vingt-quatre heures. *L'Auteur de la Nouvelle Maison Rustique.*

Autre maladie appellée Étranguillons.

C'est ce qu'on appelle inflammation des amigdales, qui provient des humeurs qui descendant du cerveau sous la gorge de l'animal, forment des glandes qui en grossissant peuvent l'étouffer.

Remede. Parfumez l'écurie avec du vinaigre, injectez par les naseaux la décoction de racine de guimauve tenant en solution une petite quantité de sel de saturne ; réitérez la saignée aux veines du plat des cuisses toutes les quatre heures, jusqu'à ce que le pouls diminue sensiblement en force & en plénitude ; répétez plusieurs fois le jour des lavemens purgatifs, composés de feuilles de séné & d'eau plus ou moins saturée de crême de tartre ; faites un séton avec l'ellébore à la cuisse ou au ventre ; donnez de l'eau blanche pour boisson & nourriture ; enveloppez les jambes de derriere & la croupe de linges trempés dans l'eau chaude & renouvellez toutes les heures ; donnez des lavemens nourriffans, fi l'animal ne peut avaler; faignez aux veines fituées derriere la langue, lorfque les autres faignées n'ont pas produit un bon effet ; enveloppez la partie fupérieure du cou d'une peau de mouton, après avoir appliqué des cataplaſmes de lait & de mie de pain : fi la maladie fe termine par le pus, les vapeurs d'eau bouillante, de l'encens, une injection par le nés de la décoction d'orge adoucie par le miel, & de l'eau feconde de chaux édulcorée de miel, favoriferont l'évacuation & la déterfion de l'abcès & de fa cicatrice : M. *Vitet.*

Autre maladie appellée Onglée, Onglet.

C'eſt un prolongement membraneux de la membrane clignotante, qui s'étend depuis le grand angle de l'œil, jufques fur la face intérieure de la cornée tranfparente.

Remede. Il faut introduire fous la tumeur un fol marqué, percer l'excroiffance avec une aiguille armée d'un fil qu'il faut tirer à foi, & couper avec des cifeaux toute la partie excédente au-delà du cartillage triangulaire, & appliquer fur l'œil fimplement des compreffes imbibées d'eau-de-vie ou de l'eau fraîche. M. *Vitet.*

Autre maladie appellée Corne rompue.

Cette maladie n'eſt point dangereufe, il fuffit

suffit de couvrir la plaie d'un linge imbibé de vinaigre, huile d'olive & sel mêlés ensemble ; & lorsque le mal commence à guérir, le frotter de suie. *L'Auteur de la Nouvelle Maison Rustique.*

J'ai vû une chose assez singuliere sur cet objet. Il y a environ neuf ans qu'une vache, que mon fermier tenoit simplement pour avoir quelque peu de lait, s'arracha une corne je ne sai comment ; elle étoit attachée près de la maison au pâturage ; la fermiere, dont la famille étoit occupée aux travaux de la campagne, voulut jetter un coup d'œil sur sa vache & la trouva dans cet état ; désolée, toute seule & sans secours, elle ramassa la corne, la remit à sa place, & en eut tellement soin, que cette corne reprit, de maniere que j'ai vu plusieurs fois cet animal dans le même état qu'il étoit avant cet accident.

Autre maladie appellée Dureté au Chignon, ou Cors provenant de la foulure du joug.

C'est une tumeur dure, insensible, calleuse, qui paroit formée de plusieurs couches de l'épiderme, ou de matieres fluides condensées dans le tissu de la peau.

Remede. Appliquez-y pendant deux ou trois jours le cataplasme de mie de pain & de lait, ensuite enlevez avec le bistouri les couches les plus superficielles de la tumeur jusqu'au vif ; appliquez-y légèrement le feu, & oignez tous les jours l'escarre avec du miel.

Suivez cette méthode pour tous les durillons qui attaquent les autres parties du corps du bœuf. M. *Vitet.*

Autre maladie appellée Ecorchure au Cou.

Remede. Il faut la frotter avec de la graisse de cochon, & de la cire neuve fondues & mêlées ensemble. *L'Auteur de la Nouvelle Maison Rustique.*

Autre maladie appellée Mouche dans les narines.

Remede. La vapeur du cinabre est seule capable de détruire cet insecte, les œufs & les vers qui peuvent en naître. M. *Vitet.*

Autre maladie appellée Tranchées ou Coliques.

L'animal se plaint, allonge le cou, étend la cuisse, se leve & se couche souvent, il ne peut tenir à aucune place, & quelquefois il sue.

Voyez ci-devant au chap. des Chevaux.

Remede. Si les douleurs sont vives, il faut commencer par saigner l'animal, une heure après on lui fera avaler une livre d'huile d'olive ou de noix; on continuera de lui en donner de deux en deux heures, dans l'intervalle on lui fera boire de l'eau blanche; on lui donnera des lavemens avec une décoction de son & une livre d'huile.

On ne lui donnera point à manger que les douleurs ne soient calmées : si elles continuoient, on lui fera une seconde saignée six heures après la premiere, ou s'il avoit la fievre ; & on continuera les lavemens jusqu'à guérison. M. *Helvetius*. M. *Vitet* indique les mêmes remedes ; ce premier ajoute que deux heures après les douleurs passées, il faut purger l'animal, & encore deux ou trois jours après.

Autre maladie appellée l'Avant-Cœur.

C'est une tumeur inflammatoire qui naît sur la partie antérieure du poitrail, & qui s'étend quelquefois jusqu'au fourreau & aux mamelles : à peine a-t-elle paru qu'elle prend un volume considérable, & qu'elle dégénère promptement en un abcès de mauvaise qualité : la tristesse de l'animal, le dégoût universel, le battement de cœur fort & fréquent, les défaillances jusqu'à tomber par terre en sont les symptômes : le bœuf a le cou penché, la bouche pleine de salive, l'épine du dos roide, & le poil hérissé.

Remede. Si la tumeur est accompagnée de fievre, il faut saigner l'animal & le mettre à l'eau blanche, & deux heures après ouvrir la tumeur si elle est mûre ; si non, appliquez-y des cataplasmes de fiente de vache, mêlée avec le sain-doux, qu'on applique bien chaud, ou d'oseille cuite avec du sain-doux & de l'oignon de lys cuit sous la cendre : dès que la tumeur sera mûre, ouvrez-la en quatre ; coupez les angles de la plaie & panſez avec le digeſtif : ſi la fievre étoit vive après l'ouverture, réitérez la ſaignée, & traitez l'animal comme il eſt marqué dans la maladie des fievres continues ſimples. M. *Helvetius.*

Autre Remede. Réitérez les lavemens compoſés d'eau blanche & d'une verrée de vinaigre ſaturée de nitre : l'eau blanche doit ſervir de nourriture & de boiſſon ; & lorſque les forces vitales s'affoibliſſent, donnez en breuvage le matin & le ſoir un demi ſeptier de vin d'abſinthe ; emportez la tumeur avec le biſtouri dès qu'elle eſt groſſe comme le poing, & panſez la plaie comme celle du bouton de farcin ; ne faites qu'une ſaignée au plat de la cuiſſe. M. *Vitet.*

Autre maladie appellée Piſſement de Sang.

Remede. Le piſſement de ſang demande que l'on faſſe trois ou quatre ſaignées à cinq ou ſix heures de diſtance les unes des autres, & qu'on mette l'animal à la diete ſévere, qui eſt l'eau blanche ; ſi après, la maladie continue, faites boire à l'animal de deux en deux heures, une pinte d'une forte décoction de feuilles de piloſelle & de bourſe-à-paſteur, & on y ajoutera la racine de quintefeuilles ſi on la peut trouver.

Si après vingt-quatre heures de cette boiſſon, la maladie continue ou n'eſt pas fort diminuée, reſaignez encore une ou deux fois l'animal, & faites fondre dans chaque pinte de la décoction ci-dessus, d'alun en poudre ; faites-en aussi des bols avec le miel que vous ferez avaler à l'animal, & continuez ainsi jusqu'à guérison : on observera de donner tous les jours à l'animal un ou deux lavemens, & on ne le purgera qu'après cinq ou six jours que le pissement de sang aura été arrêté.

Si cet accident provenoit d'une pierre dans les reins ou dans la vessie ; il n'y auroit nulle ressource pour l'animal. M. *Helvetius*.

Autre Remede. Saignez à la veine jugulaire, & réitérez jusqu'à ce que les arteres aient repris leur état naturel ; faites boire du petit lait coupé avec parties égales de racine de grande consoude ; répétez souvent des lavemens composés d'une émulsion d'amande douce ou de semences de courge, ou de l'eau blanchie avec la farine de seigle ; faites baigner soir & matin le malade ; ne donnez à manger que du son humecté d'eau de nitre, & appliquez sur les reins des linges imbibés d'eau saturée de crême de tartre.

Si après quatre ou cinq jours la maladie continuoit, appliquez sur les reins & aux parties génitales des étoupes imbibées de vinaigre toutes les demi heures ; ne faites boire que la décoction de racine de grande consoude, aiguisée d'une petite quantité d'alun, & ajoutez dans les lavemens demi-once d'alun : si les arteres battent fort &

E 3

fréquemment, réitérez la saignée, & continuez l'usage des boissons & lavemens. M. *Vitet*.

Autre maladie appellée Dysenterie ou Flux de Sang.

Dès le commencement les animaux ne fientent qu'avec peine, il survient très promptement un flux de ventre avec un tenesme, ou difficulté de fienter, ou ils rendent quelques matieres glaireuses & une sérosité très-fétide, qui dégénere en peu de tems en flux de sang, accompagnée de douleurs qu'on connoît par leurs plaintes.

Il faut les faire feuiller, c'est-à-dire, nettoyer l'intestin rectum; donner plusieurs lavemens composés de demi-dragme de camphre en solution dans un jaune d'œuf, & mêlé avec trois livres d'eau de riz aiguisée de crême de tartre, & administrer tous les matins un semblable mélange en breuvage; pour nourriture, une petite quantité de farine dans l'eau aiguisée de nitre.

Si la chaleur de la bouche, des tégumens & de l'anus est considérable; si les matieres fécales ont beaucoup de fétidité, il faut substituer au nitre la crême de tartre; au bout de vingt-quatre heures, administrez un lavement, où vous mettrez, à la place du camphre & du jaune d'œuf, deux dragmes de racine d'ipécacuanha; vous réitérerez ce lavement deux fois par jour, & dans l'intervalle, vous ferez passer

les lavemens faits avec le camphre, &c.
M. *Vitet*. Il recommande les parfums avec le vinaigre & l'eau-de-vie.

M. *Helvetius*, obferve que fi l'animal rend le fang tout clair, mêlé avec les excrémens, cette maladie paroît dépendre alors de la rupture de quelques-uns des vaiffeaux fanguins des inteftins; que fi le vaiffeau eft confidérable, rien ne peut fauver l'animal; s'il eft petit, il pourra guérir en le faifant faigner trois ou quatre fois, ne laiffant que quatre ou cinq heures d'intervalle, avec la diete & l'eau blanche, & lui donnant des lavemens faits avec une décoction de feuilles de plantin, d'argentine & de quintefeuille, & un peu de beurre.

S'il ne ceffe pas, il faut réitérer les faignées, & on lui fera boire de la décoction de pilofelle, de bourfe-à-pafteur, & de quintefeuille, avec un peu d'alun de roche.

Autre maladie appellée Inflammation des Poulmons.

Voyez ci-devant, Courbature, & faites les mêmes remedes.

Autre maladie appellée Piqûre ou Morfure de Bêtes Vénimeufes.

Dans cette maladie la partie lézée se tuméfie, l'enflure gagne de proche en proche, l'animal eft agité de mouvemens convulſifs, bat des flancs & reſpire avec difficulté; la plus grande partie de ſon corps enfle d'une maniere ſurprenante, & la mort s'empare du ſujet.

Remede. Prenez extrait de genievre deux onces, un verre d'eau, demi-dragme d'alcali volatil & ſel armoniac, le tout mêlé enſemble, faites le prendre à l'animal : ſi vous n'avez point d'alcali volatil, faites boire deux onces de ſuie de cheminée, délayée dans une forte infuſion de racine de gentiane.

Enlevez enſuite avec un biſtouri, l'endroit bleſſé; appliquez deſſus des étoupes imbibées d'alcali volatil ou de ſuie de cheminée délayée dans l'eau-de-vie, & changez les étoupes dès qu'elles commenceront à ſe deſſécher.

Réitérez le breuvage preſcrit trois ou quatre fois en vingt-quatre heures; faites boire au malade dans l'intervalle de l'infuſion de racines de gentiane; ne lui préſentez aucun aliment, que les ſymptômes urgens ne ſoient calmés, & adminiſtrez-lui tous les jours les lavemens adouciſſans. M. *Vitet.*

Autre maladie appellée Rage.

L'animal enragé ne connoît perſonne; il eſt toujours en mouvement; ſes yeux ſont rouges & étincellans; il ne veut pas boire, & tire la langue; il rend par la bouche beaucoup d'écume, & il mord tout ce qu'il rencontre.

Remede. Il faut promptement aſſommer l'animal enragé; mais lorſque la rage n'eſt pas confirmée, coupez en rond toute la partie mordue, appliquez-y le feu & excitez une abondante ſuppuration; n'oubliez pas les remedes intérieurs, tels que le cinabre, la panacée mercurielle, & les aromatiques. M. *Lafoſſe fils.*

Autre Remede. Dès qu'un animal a été mordu, il faut à l'inſtant, avec un biſtouri, retrancher du corps la partie affectée, juſqu'au-delà du fond de la bleſſure; laiſſez ſaigner la plaie, la laver de même que les parties environnantes, avec une forte infuſion de feuilles de rhue dans du vin ſaturé de ſel marin; enſuite la couvrir d'un plumaſſeau chargé d'un onguent fait avec une partie de ſublimé corroſif & deux parties de miel; la ſuppuration qui s'établira dans la plaie au bout de douze heures, doit être entretenue avec l'onguent égyptiac, juſqu'à ce que les chairs deſtinées à former une bonne cicatrice, commencent à croître: l'adminiſtration intérieure du mercure eſt la méthode la mieux indiquée, & fondée ſur de bonnes obſervations; la plus avantageuſe eſt le cinabre porphiriſé, & mêlé avec parties égales de racine de gentiane pulvériſée, le tout incorporé avec ſuffiſante quantité de miel pour un bol, qu'il faut répéter le matin & le ſoir à la doſe d'une dragme par bol, juſqu'à ce qu'on ait paſſé le trentieme jour, à dater de l'inſtant de la morſure.

Baignez l'animal deux heures le matin & deux heures le soir, si la saison le permet; donnez-lui pour nourriture, du son mouillé & des plantes fraîches; pour boisson, de l'eau blanche; donnez-lui tous les jours un breuvage composé de feuilles de rhue & de vin macérés à un feu doux pendant sept ou huit heures; évitez de le saigner & de le faire suer; séparez l'animal des autres; veillez-le avec soin, pour l'assommer au premier symptôme de rage. M. *Vitet.*

Autre Remède. *L'Auteur de la Nouvelle Maison Rustique*, a donné un remède contre cette maladie, fort éprouvé par les hommes & par les animaux, à ce qu'il assure.

Prenez la coquille de-dessous d'une huître à l'écaille mâle, c'est-à-dire, de celle dont le poisson a un bord noir, & dont l'écaille a en-dedans des marques qui sont noires quand l'huître est vieille, & qui sont jaunes quand l'huître est encore jeune; faites la calciner au feu ou au four, jusqu'à ce qu'elle se rompe sans effort; réduisez-la en poudre impalpable, & si vous le pouvez, passez-la au tamis, ensuite faites la prendre aux malades: il y a trois manières de donner ce remède.

La première, & celle qui agit le plus promptement, est de le donner en bols comme le quinquina, en le multipliant à proportion de la facilité avec laquelle le malade pourra les avaler.

La deuxieme, est de le donner dans du vin blanc.

La troisieme, est de battre cette poudre dans quatre œufs, en faire une omélette avec de l'huile, & la faire manger au malade seule & sans boire.

La dose ordinaire pour ceux qui sont dans l'accès, est le poid de six gros pour la premiere fois, qui se doit donner au malade le plus promptement qu'il est possible; les jours suivans quatre, & qu'il ne mange que trois heures après.

La dose pour ceux qui sont mordus à sang, ou pour ceux qui ont été à la mer & non guéris, est quatre gros pour chacun des trois jours.

Quand le malade n'a été que pincé, léché ou érafflé, ou qu'il se trouve dans une grande crainte, qui est souvent aussi dangereuse que la morsure à sang, la dose n'est que de deux gros une seule fois.

Quand on fait prendre ce remede aux chiens, on leur ôte les œufs, & on emploie seulement l'huile d'olive pour y mettre la poudre d'écaille.

A l'égard des chevaux, bœufs & vaches, il faut la poudre de quatre à cinq écailles avec l'huile d'olive, & faire le reste comme pour l'homme.

La Gazette d'Agriculture de 1774 n. 21, fait un détail du remede Tonquin, pour avoir guéri un garçon maréchal de cette cruelle maladie. En voici la recette, qui ne sauroit être trop répandue.

Prenez du cinabre naturel & factice, de chacun vingt-quatre grains; broyez-les jusqu'à ce qu'ils soient réduits en poudre très-fine; mêlez à cette poudre du musc le plus fort que vous pourrez trouver, seize grains; attendez qu'il soit réduit en très-fines parties ainsi que le cinabre : tout cela vous fera une dose que le malade prendra dans une cuillier à thè remplie d'eau-de-vie, ou de quelque liqueur forte.

L'intervalle d'une prise à l'autre, doit être d'une heure ou de deux heures tout au plus, & continuez jusqu'à ce que le malade soit tranquille & qu'il dorme : en quelque état que soit le malade, on doit faire ce remede.

Autre maladie appellée Charbon.

Cette maladie est très-commune parmi les bœufs; c'est une élévation sensible & prompte sur les tégumens, accompagnée d'une grande chaleur; peu de tems après le milieu de la tumeur s'affaisse, devient moins sensible, & se remplit d'une humeur plus ou moins sanieuse; ensuite la gangrene s'y manifeste, les bords de la partie gangrenée restent durs & enflammés pendant quelque-tems; enfin la gangrene s'empare des parties voisines, & l'animal meurt : l'inflammation la plus vive & la plus prompte à dégénérer en abcès de mauvaise qualité, constitue le caractere essentiel du charbon, & attaque les parties internes du corps comme les externes.

Remede. Extirpez le charbon dès qu'il

approche de son entier accroissement, environ douze ou vingt-quatre heures après son apparition, avec l'instrument tranchant; tenez l'animal à une diete austere; le petit lait, l'eau blanche, le suc de laitue, feront la base de sa nourriture & de sa boisson; vous en donnerez plusieurs fois le jour des lavemens tenant en solution de crême de tartre ou du nitre, & ferez un séton avec l'ellébore; point de saignée, purgatifs ni sudorifiques; laissez bien saigner la plaie; lavez-la avec une forte infusion de feuilles de rhue ou de sauge, ou avec de l'eau-de-vie camphrée; appliquez-y un cataplasme de feuilles de rhue, de racine de gentiane, qu'il faut changer toutes les douze heures, jusqu'à ce qu'on apperçoive le commencement de la suppuration; alors pansez l'ulcère avec l'onguent égyptiac. M. *Vitet.*

Autre maladie appellée Rot avec effort pour Vomir.

C'est ce qu'on appelle rot chez l'homme, & rien de si difficile à traiter que cette maladie.

Remede. Donnez au bœuf un breuvage composé de deux onces d'ipécacuanha, pulvérisé & délayé dans une livre & demi de vin; donnez en breuvage & à petite dose, le petit lait ou la décoction d'orge nitreuse; administrez plusieurs lavemens mucilagineux, ensuite employez les bains. M. *Vitet.*

Autre maladie appellée Rétention d'Urine.

On s'apperçoit aisément que l'animal est travaillé d'une rétention d'urine, quand il a de fréquentes envies & qu'il fait des efforts pour uriner sans le pouvoir.

Si cette maladie provient de l'inflammation des parties contenantes, ce qu'on connoît lorsqu'au commencement l'urine coule avec peine & en petite quantité, ensuite son cours est entièrement suspendu, les muscles du bas-ventre se contractent en force, le fourreau est d'une chaleur plus considérable, la vulve est un peu enflammée, & dans les efforts on voit l'urètre faire saillie dans la vulve ; & si on veut le sonder, on trouve une résistance singuliere.

Remede. Les saignées réitérées à la jugulaire dans le même jour, & des lavemens faits avec la décoction de feuilles de pariétaire & le nitre, ou avec la feuille de laitue & la crême de tartre, au nombre de sept ou huit par jour, la diete, de l'eau seulement blanchie & nitreuse, exposer la vulve & le fourneau à la vapeur du vinaigre, sont les remedes indiqués par M. *Vitet*: il ajoute, que la sonde est le moyen le plus prompt pour soulager les femelles.

Si elle provient d'une violente & continuelle contraction du sphinkter de la vessie, les urines sont entièrement & subitement suspendues, les parties ne sont ni enflammées ni échauffées, le pouls est dans le commencement dans son état naturel.

Remede. Saignez dans le commencement à la veine jugulaire ; donnez un bol toutes les quatre heures d'une dragme de camphre & d'une dragme & demi de nitre, avec suffisante quantité de miel ; faites boire beaucoup d'eau blanche nitrée ; administrez deux ou trois lavemens, composés d'une dragme de camphre délayée dans deux jaunes d'œufs, & suffisante quantité d'eau blanche nitrée ; sondez les femelles ; & si rien ne fait aux malades, introduisez la sonde brisée de l'intestin rectum dans la vessie. M. *Vitet.*

Si elle provient d'un corps étranger dans la vessie ou le canal de l'urètre, l'animal a de féquentes envies d'uriner ; il regarde ses flancs, plie le d'os, se couche & se releve à chaque instant ; l'urine sort quelquefois goutte à goutte, & cours de l'urine est souvent interrompu tout-à-coup, & reste suspendu jusqu'à ce que la pierre cesse de fermer l'orifice de l'urètre ; les muscles du bas-ventre se contractent, & l'intestin rectum fait saillie en-dehors : dès que la pierre cesse de fermer l'orifice de l'urètre, l'urine sort, mais souvent teinte de sang, épaisse & chargée de sédiment : on peut s'assurer de la pierre par la sonde brisée, introduite par l'intestin rectum, si la pierre jouit d'une certaine grandeur.

Remede. Dans ce cas, M. *Vitet*, après avoir détaillé toutes les opérations convenables à cette maladie, convient & conseille d'envoyer le plutôt possible l'animal à la boucherie pour le faire assommer.

Si au contraire la maladie vient de substances visqueuses ou de graviers, il faut avoir recours aux diurétiques les plus actifs, savoir la térébenthine, le vin blanc, le savon, la racine de persil, le suc d'oignon avec de l'eau-de-vie, le sel marin, les eaux minérales administrées en breuvages & en lavemens.

Autre maladie appellée Gale.

C'est une maladie prurigineuse & cutanée, qui se manifeste par une éruption de pustules accompagnées de démangeaison.

Remede. Lavez l'animal avec de l'eau chaude; faites lui une saignée; mettez-le à la diete & à l'eau blanche; donnez-lui tous les jours un lavement, & mettez dans sa nourriture deux fois par jour, deux gros de *crocus metallorum*; & s'il est dégoûté, mettez-le au masticadour; continuez ce régime deux ou trois jours, ensuite purgez-le, & le lendemain faites-lui prendre un bol, composé d'une prise de l'opiate suivante le matin à jeun, & un après midi, à trois heures de distance des alimens, & continuez pendant deux ou trois jours.

Une once d'œthiops minéral, une once de soufre, le tout en poudre, incorporez-le avec le miel.

Si la gale n'est pas passée ou fort diminuée, frottez-le avec une pomade, composée avec parties égales de soufre & de graisse, & tenez-le chaudement. M. *Helvetius.*

Autre Remede. Saignez & purgez l'animal, ensuite employez intérieurement le soufre & les poudres de vipere, & extérieurement les onguens sulphureux & mercuriels. M. *Bourgelat.*

Autre Remede. Parfumez les écuries deux fois par jour avec du soufre; pour nourriture, du son avec deux onces de fleur de soufre; pour boisson, l'eau blanche : donnez tous les jours un lavement avec une décoction de racine de patience, tenant en solution deux dragmes de foye de soufre ; faites une saignée dans le commencement de la maladie, & lavez les parties affectées avec une forte infusion de tabac dans du vin ; étrillez deux fois par jour l'animal, & envoyez-le au pâturage dès que l'herbe aura poussé, & enfin évitez tous purgatifs. M. *Vitet.*

Autre maladie appellée Enflure ou Œdeme.

Lorsqu'appuyant le pouce ou le poing sur la peau d'un animal, il se forme un enfoncement ou creux, qui ne s'efface que lentement & par degrés, on ne peut pas douter que l'animal ne soit enflé; les tégumens sont tuméfiés & dépourvus d'élasticité ; toutes les fonctions paroissent dérangées, & le pouls est lent & petit, l'animal est inquiet & pesant, la soif est plus grande que dans l'état naturel, la langue est sèche & l'appétit diminué.

Remede. Lorsque cette maladie est générale, elle ne se guérit que par l'usage des purgatifs, joints aux diurétiques. M. *Helvetius*, M. *Lafosse fils.*

M. *Vitet* n'est pas d'avis des purgatifs, mais des diurétiques, & conseille de prendre des baies de genievre demi livre, de cendres de genêts une livre, du vin blanc huit livres, mettre le tout ensemble dans une bouteille exactement bouchée, faire macérer ce mélange au soleil ou dans une étuve pendant vingt-quatre heures, & en donner tous les jours à l'animal demi-livre le matin à jeun, & la même dose le soir.

Si les diurétiques ne réussissent pas, favorisez l'insensible transpiration par un exercice modéré, des frictions légeres sur la peau, les vapeurs de genievre, de sauge, de tabac, d'encens, &c. : appliquez deux fois par jour les couvertures de laine ; n'oubliez pas l'immersion du corps dans du sable chaud ou du fumier ; accompagnez-les de quelques prises de suie de cheminée, de racine d'angélique, mêlées avec la poudre de fourmis, &c.

Autre maladie appellée Abcès.

C'est une éminence privée de chaleur, peu sensible, cédant au toucher sans laisser aucune impression distincte, & donnant des marques de fluctuation ; la matiere qui y est contenue, est le produit d'une inflammation ordinairement arrivée dans l'endroit où le pus s'est ramassé.

Remede. Favorisez l'abcès par l'application des graisses (M. *Vitet* dit, par des cataplasmes de mie de pain, de lait, de saffran ou de pulpe d'oignon de lys & d'épinard, même par le levain, l'onguent suppuratif, la gomme armoniac, la fiente de pigeon, la semence de moutarde, incorporés avec la fiente de vache ou de pigeon.) Dès que le pus est formé, ouvrez l'abcès avec le bistouri à la partie inférieure; s'il y a plusieurs cavités, ouvrez-les toutes; si l'abcès attaque une glande, ne l'ouvrez pas avant la fonte des duretés; si l'abcès est près d'une cavité essentielle aux fonctions de l'animal, d'un vaisseau considérable, d'un nerf, d'un tendon & d'un os, faites-en l'ouverture avant que la suppuration soit parfaite. M. *Lafosse fils.*

Autre maladie appellée Flegmon.

C'est une tumeur avec chaleur, tension, dureté & douleur.

Remede. Saignez au commencement de la maladie; fomentez la tumeur avec des fluides mucilagineux; appliquez-y des cataplasmes de mie de pain avec le lait; évitez les huileux & les répercussifs, & favorisez la résolution avec de légers aromatiques: lorsque l'inflammation vient d'une violente contusion ou autre blessure, employez les cataplasmes faits avec les farines résolutives & le vin rouge, ou avec le son & le vinaigre ; fomentez la partie affectée avec de l'eau-de-vie camphrée. M. *La-fosse fils.*

Si l'inflammation se termine par la suppuration ; la douleur, la chaleur & la tension cessent, la tumeur devient molle, & forme un abcès qu'il faut traiter comme ci-devant.

Autre maladie appellée Morsure des Poux ou Pouilleutement.

Ces animaux excitent une démangeaison qui oblige l'animal de se frotter, souvent les poils tombent dans les endroits où ces animaux se multiplient le plus.

Remede. Séparez l'animal des autres ; tenez-le proprement ; donnez-lui pour nourriture de la paille & du son avec trois onces de fleur de soufre par jour ; parfumez deux fois par jour l'écurie avec quatre parties d'encens & une de cinabre ; lavez les parties du corps avec une forte infusion de feuilles de tabac ou de feuilles de cigue, dans l'eau aiguisée d'eau-de-vie. M. *Vitet.*

Autre maladie appellée Vers des Ongles.

Voyez ci-après au Chap. des Bêtes à Laine.

Autre maladie appellée Séparation entiere de la corne du pied, & Chute des ongles du pied.

Les bœufs qui ont séjourné long-tems dans les écuries & qui fatiguent ensuite, éprouvent une inflammation superficielle dans la chair cannelée des ongles, qui fait séparer la corne de sa derniere phalange, & qui les fait boîter.

Remede. Laissez-les reposer ; enveloppez-leur le pied avec un onguent fait avec une partie de miel & deux parties de lie de vin, & changez toutes les douze heures jusqu'à guèrison. Si l'ongle est tombé, environnez le pied de linge ou d'étoupes, où vous mettrez suffisante quantité de miel & de suie de cheminée, que vous arroserez une fois par jour d'eau-de-vie ; vous n'ôterez le premier appareil que le cinquieme jour ; quand la corne commence à paroître, la seule application des étoupes cordées suffit ; éloignez tous les huiles, onguens, graisses & astringens. M. *Vitet.*

Autre maladie appellée Chancre.

Cette maladie s'annonce par une tumeur remplie d'une humeur rousse & fluide qui se fait jour d'elle-même, & produit une cavité, dont la grandeur augmente en très-peu de tems, souvent jusqu'à détruire les parties circonvoisines dans la bouche & ailleurs.

Remede. Dès qu'il paroît, il faut l'extirper & emporter avec lui une portion des chairs voisines, ensuite laver les parois de la plaie avec une forte infusion de feuilles de rhue & de tabac dans l'eau-de-vie saturée de sel marin; réitérez les lotions plusieurs fois, jusqu'à ce que vous apperceviez de bonnes chairs, & la plaie diminuer sensiblement de grandeur; donnez pour nourriture de l'eau blanche, plus ou moins saturée de sel marin & de farine de froment; administrez des lavemens composés d'une décoction de racine de guimauve, tenant en solution du nitre ou de la crême de tartre, si la chaleur est vive.

Rejettez la saignée, les caustiques, & le cautère actuel. M. *Vitet.*

Autre maladie appellée Poison.

Aussitôt que l'animal a avalé une plante ou une autre substance venéneuse, il cesse de manger, s'agite, se couche, bat des flancs, il soupire, le ventre s'enfle avec promptitude & d'une manière extraordinaire; le mouvement du cœur augmente à mesure que les symptômes s'accroissent : au commencement, les oreilles, les cornes & les narines sont froides, mais bientôt après elles acquierent une chaleur considérable; l'animal regarde son ventre, & se tient couché lorsque la maladie a fait des progrès.

Remede. Dès l'instant qu'on s'apperçoit

que l'animal a avalé quelque substance veneneuse du régne végétal, donnez-lui en breuvage & en lavement, une grande quantité de fluide mucilagineux, tel que l'eau blanche, l'eau mielée, la décoction de racine de guimauve, de lait, l'huile d'olive récente, &c.; faites une saignée à la veine jugulaire, plus ou moins considérable, selon la quantité & la qualité du poison; éloignez tout purgatif, de même que la thériaque, l'orviétan & le vin avec le lait. M. *Vitet*.

Si le poison est composé d'une substance metallique unie avec un acide, l'alcali fixe, mis en solution dans une grande quantité d'eau miélée, empêchera les mauvais effets du poison.

Si le poison vient d'une substance veneneuse du regne animal, comme les mouches cantharides, les chenilles, les sangsues, vers, &c. donnez beaucoup d'eau miellée, du petit lait, de l'eau blanchie avec de la farine de riz ou d'orge; & si vous soupçonnez que les sangsues produisent de violentes coliques ou des convulsions, donnez une grande quantité d'eau saturée de sel marin.

Si vous soupçonnez de l'inflammation dans l'estomac ou les intestins, éloignez les huiles, les graisses & toute sorte d'aliment, de même que le lait; saignez plusieurs fois le malade à la veine jugulaire; faites lui boire peu & souvent de petit lait, de la décoction d'orge, aiguisée d'une petite quantité de nitre, & réitérez les lavemens mucilagineux & nitrés. M. *Vitet*.

Autre maladie appellée Rétention d'un corps étranger dans le Gosier.

Le bœuf friand de pommes, souvent les avale sans les mâcher, & lorsqu'elles sont trop grosses, elles restent dans le gosier; & si l'animal n'est promptement sécouru, il meurt au milieu des douleurs & des convulsions.

Remede. Si on ne peut arracher avec la main le corps étranger, versez dans la bouche de l'animal un verre de bonne huile d'olive; introduisez ensuite dans l'œsophage un jonc mince, fort, flexible, & garni à son extrêmité, d'étoupes imbibées d'huile; si cela ne réussit pas, servez-vous d'un tire bouchon, ou divisez la pomme en frappant avec un maillet la partie qui répond à la pomme, en appuyant un morceau de bois de l'autre côté; & si tout cela est envain, ouvrez avec le bistouri un passage au corps étranger: il ne paroît pas de l'impossibilité à la cicatrice d'une telle plaie. M. *Vitet.*

Autre maladie appellée Jaunisse, causée par les vers.

Voyez au Chap. des Bêtes à Laine.

Autre maladie appellée Jaunisse Froide.

Voyez idem.

*Autre maladie appellée Jauniſſe avec cha-
leur.*

Voyez idem.

Autre maladie appellée Enflure.

Voyez idem.

De la Deſſolure chez les Bêtes à Corne.

Toutes les fois que le pus reflue dans la portion des tégumens qui recouvrent la couronne, la deſſolure entiere de l'ongle n'eſt pas eſſentielle, à moins que le pus n'ait entièrement ſéparé le ſabot de la troiſieme phalange ; une longue inciſion pratiquée avec le biſtouri à la tumeur de la couronne, & une contr'ouverture faite avec la corniere du boutoir & les rénettes entre la ſole & la muraille, dans la partie affectée, peuvent ſuppléer à l'entiere extirpation de la ſole.

Si cette méthode ne réuſſit pas, dilatez l'abcès dans toute ſa longueur, depuis la couronne juſqu'à la face inférieure de l'ongle ; & ſi de tels moyens ne conduiſent pas l'abcès à entiere guériſon, il faut enlever la partie inférieure de l'ongle, parce que ſouvent le pus ſépare entierement l'ongle de la troiſieme phalange.

Pour cet effet, parez auſſi mince qu'il eſt poſſible la partie inférieure de l'ongle ; exécutez avec la corniere du boutoir, une rainure aſſez profonde pour ſéparer la face

II. Part. F

intérieure de l'ongle de ses parties latérales ; vous serez dirigé dans cette opération, par une espece de ligne qui naît de la réunion des couches latérales de l'ongle avec ses couches inférieures : après avoir pénétré tout autour de la base du pied, jusqu'à la substance cannelée, après avoir soulevé la partie antérieure de la base de l'ongle, saisissez avec les tricoises la corne en pince, renversez la partie postérieure, & à mesure que vous l'enleverez, ayez soin de détruire avec le bistouri, ses adhérences avec les parties latérales du sabot; ensuite traitez la plaie comme celle du cheval dessolé.

Chez le mouton, la dessolure peut s'exécuter avec un simple scalpel & de bonnes pinces. M. *Vitet.*

Le repos, la diete, la propreté de l'écurie, contribuent beaucoup à la réussite de cette opération.

Des Epidémies.

Il en parut une en 1711 dans la basse Hongrie, qui passa en Italie & en Allemagne : la mortalité s'étendit jusques dans les bêtes sauvages, qu'on trouvoit mortes dans les forêts ; les chiens qui mangerent de leur chair, devinrent enrangés, & les hommes qu'ils mordirent, tomberent dans l'hydrophobie, & imitoient l'aboyement des chiens.

Cette maladie se manifestoit par des

pustules remplies d'une matiere d'une odeur insupportable ; il découloit de la bouche des animaux malades , une humeur d'une odeur cadavéreuse ; ils respiroient avec grande difficulté ; les bœufs & les vaches ne cessoient de mugir , & leurs mugissemens redoubloient lorsqu'ils étoient prêts de mourir : alors on entendoit dans leurs entrailles , un bruit comme si les tuniques , trop distendues , eussent éclaté.

On trouva dans l'estomac des animaux qui furent ouverts, des boules de la grosseur d'une noix, remplies de poils, & recouvertes d'une espece de tunique membraneuse , si dure , qu'on avoit peine à la couper avec un couteau.

Les symptômes de cette maladie étoient si terribles, la maladie si courte, & les maréchaux si peu instruits , qu'il n'a été fait aucune mention des remedes dont on a usé pour la prévenir & en arrêter les progrès.

M. *Vitet* observe que dans ce cas , les sétons avec l'ellébore au fanon, aux épaules & aux cuisses ; les acides végétaux, les bols de camphre & de nitre , l'eau blanche nitreuse , les lavemens avec l'eau, le vinaigre & le miel, les parfums de vinaigre & d'eau-de-vie , étoient les seuls remedes : ensuite le troisieme ou le quatrieme jour , faire boire au malade deux livres de vin d'absinthe, le matin à jeun & autant le soir , & continuer les parfums & les lavemens.

Autre.

Elle parut en 1712. Les bœufs & les chevaux étoient dans le commencement attaqués aux aînes, au poitrail & aux autres parties du corps, de tumeurs dures, qui s'étendoient beaucoup, & emportoient en très-peu de tems les bestiaux qui en étoient affectés.

Faites une prompte extirpation des tumeurs avec l'instrument tranchant ; appliquez sur la plaie un cataplasme de feuilles de rue ; faites plusieurs sétons aux tégumens de chaque malade, avec une infusion d'absinthe dans du vin ; donnez des lavemens & des boissons nitreuses camphrées, au cheval: au bœuf, des médicamens acidules, tels que la crême de tartre dissoute dans une legere infusion de feuilles d'absinthe, & le vinaigre mêlé avec une infusion de feuilles de rue. M. *Vitet.*

Autre.

Elle se manifesta en 1713. Les bœufs seuls furent atteints de cette maladie, & éprouverent divers symptômes ; les uns mugissoient, prenoient la fuite, & s'agitoient de mille manieres, comme s'ils avoient été saisis d'une terreur subite ; les autres mouroient comme frappés par le tonnerre.

Le plus grand nombre avoient l'air triste & portoient la tête basse ; leurs yeux étoient languissans & arrosés de larmes ; il sortoit de leurs naseaux & de leur bouche, du mucus & de la salive; la fiévre s'emparoit d'eux avec une espece d'horripilation; ils faisoient des efforts pour vomir, & ils se couchoient; on voyoit toujours sur leur langue ou dans le gosier, des tumeurs inflammatoires, des pustules, des hidatides & des ulcères; au commencement ils étoient altérés & buvoient beaucoup; ensuite ils refusoient absolument les alimens & la boisson; souvent ils prenoient la diarrhée avec matieres fétides de diverses couleurs & quelquefois sanguinolentes; la plupart avoient l'haleine fétide & mouroient tourmentés de la toux; ceux qui, en petit nombre, alloient jusqu'à la deuxieme semaine, présentoient une espérance de guérison, surtout si le poil tomboit & la peau devenoit rude: par l'ouverture des cadavres, on ne put rien observer de constant & de certain, pour les diverses affections des visceres. L'Italie fut le théâtre de cette maladie, & particulièrement la campagne de Rome.

Tous les remedes qu'on employa pour dompter cette maladie furent inutiles; c'est pourquoi M. *Lancisi* conseilla de faire tuer tous les bœufs malades, ou soupçonnés de l'être, pour arrêter le progrès de cette cruelle maladie: ceux qui suivirent son avis, sauverent la plus grande partie de leurs bestiaux, & les autres les virent tous périr, malgré les remedes & les avis des médecins.

Autre.

Ce fut en 1714. Il paroissoit un bouton dessus ou dessous la langue près de sa racine, où il se formoit un toupet de poil jaunâtre, qui rongeoit la langue & la faisoit tomber, ou par une vessie qui paroissoit au même endroit, blanche dans sa naissance, ensuite rouge & enfin noire; elle crevoit & laissoit un ulcère chancreux, qui creusoit dans l'épaisseur de la langue, en avançant du côté de sa racine, & la coupoit en entier; l'animal beuvoit, mangeoit & travailloit à son ordinaire : ces symptômes ne différoient que du bouton à la vessie : cette maladie gagnoit en un jour toute une Paroisse, sans qu'elle eût aucune communication avec d'autres.

Cette maladie, quelqu'effrayante qu'elle fût par l'apparence de malignité & la promptitude avec laquelle elle se répandoit, n'eut point de suites fâcheuses, & céda à des remedes simples; qui est de racler avec une cuiller ou une piece d'argent, la partie malade, jusqu'à ce que le sang en sorte & que le poil, s'il y en a, soit tombé; on prend ensuite du vinaigre le plus fort, & on y mêle du sel, du poivre, beaucoup d'ail, de la rue si l'on en a, & de la poirée; on frotte avec ce mélange la partie malade & toute la langue; ce qu'il faut répéter deux ou trois fois par jour jusqu'à guérison.

Cette maladie se renouvella en 1731 & en 1763, dans presque toute la France; on a usé de ce remede, qui a eu par tout le succès le plus complet, & dans l'occasion on peut s'en servir avec une confiance entiere.

Autre.

Elle parut en 1730. Les premiers symptômes étoient la tristesse, le tremblement, la tête & les oreilles basses, la perte de l'appétit; les excrémens avoient, les deux premiers jours, beaucoup de consistance, le troisieme ils venoient avec diarrhée si forte, que le bœuf rejettoit, à un ou deux pas, une fiente semblable à la lavure de chair: chez plusieurs, la diarrhée dégénéroit en dyssenterie, & chez tous, les excrémens étoient si fétides, que le bœuf sain en mugissoit d'horreur, & fuyoit avec précipitation l'endroit où ils étoient.

L'illustre M. *Godik* & M. *Lancisi*, penserent que la saignée, les purgatifs & les astringens étoient nuisibles; ils recommanderent seulement l'usage du petit lait en boisson, & les lavemens où ils faisoient infuser des plantes émollientes; ils faisoient boire à l'animal de l'eau où il faisoient brûler du camphre; les salivans leur parurent avantageux; ils les composerent d'ail, de soufre, de sel, de sauge & de genievre, mêlés avec du vinaigre: les sétons au fanon & auprès du cou, ne furent pas oubliés; ils se servirent de quinquina, donné depuis deux onces jufqu'à trois, fur dix à douze livres d'infufion de plantes aromatiques, que l'on donna en breuvage & en lavement.

Autre.

On s'en apperçut en 1740. Les fymptômes étoient des friffons irréguliers, les yeux rouges & larmoyans, les cornes & les oreilles froides, la tête lourde & pefante, une bave épaiffe & gluante dans les nafeaux & dans la bouche. Le lait diminuoit infenfiblement, une toux fréquente, de longs foupirs, beaucoup de trifteffe & d'infenfibilité; dans les excrémens il paroiffoit, les premiers jours de la maladie, des filets de fang, les uns avoient un flux de ventre, les autres ne fientoient qu'avec des tranchées; on appercevoit un mouvement convulfif de l'épine, depuis la tête jufqu'à l'extrêmité du dos; ils ne fe foutenoient plus fur leurs jambes; ils battoient du flanc; la refpiration venoit de plus en plus difficile; la peau paroiffoit féparée des mufcles, & un froiffement femblable à celui d'un parchemin.

Un féton au fanon avec l'ellébore, enduit d'onguent de fcarabus ou faupoudré de mouches cantharides, accompagné d'une feule faignée, d'une grande diete, d'une boiffon fréquente avec de l'eau blanche; mettre la bête deux ou trois fois par jour au mafticadour, fait avec du fel, du poivre-long, un peu d'ail & de miel; frotter en même tems les narines & le derriere des oreilles plufieurs fois le jour avec le vinaigre aromatique ; pour nourriture, du fon, de la farine de feigle & de l'herbe récente, le tout en petites dofes, & parfumer les écuries avec des plantes aromatiques deux fois par jour. Tels furent les remedes dont on fe fervit contre cette maladie.

Lorfque le malade avoit des puftules fur la langue, ce qui étoit un bon figne, on la ratiffoit jufqu'au vif avec une piece d'argent, & on la baffinoit deux fois par jour avec du vinaigre & du fel.

Autre.

Elle fe manifefta dans l'Election de Gion, par une enflure confidérable aux mâchoires, & s'étendoit promptement par tout le corps, de maniere que l'animal périffoit en très-peu de tems. J'ignore l'époque où elle parut ; mais voici le remede dont on fe fervit, contenu dans un imprimé que l'adminiftration fit courir dans toutes les provinces.

Un cautère à la panne ; enfuite on donnoit à l'animal malade, une chopine de vin blanc, une once de bonne thériaque, quelques grains de poivre-long concaffés, une pincée de fel ordinaire, & quelques gouffes d'ail.

On appliquoit tous les jours exactement fur la plaie du cautere, de l'herbe appellée *petite brochette*, une petite branche de genievre attachée avec un fil, que l'on tiroit lorsqu'il falloit réitérer le pansement ; ensuite on graissoit la plaie avec du beurre frais. Après dix ou douze jours, les animaux étoient en état de continuer leurs travaux.

Autre.

En 1744 elle parut dans plusieurs Provinces, & particulierement dans le Hainault. Je n'ai pu me procurer le détail des symptômes de cette maladie ; tout ce que j'ai pu en apprendre, c'est par une lettre que M. Orri, pour lors Contrôleur-Général, écrivit à MM. les Intendans, dans laquelle il leur mande, que cette maladie provient du peu de tems que l'excessif travail laisse aux bestiaux pour digérer ; qu'on ne leur donne pas le tems de ruminer, ce qui forme un mauvais chyle & leur cause cette maladie dont ils périssent ; en même tems il leur envoya la recette des remedes qui avoient eu du succès dans le Hainault, que je vais détailler.

Saignez la bête sous la langue si on apperçoit qu'elle l'ait enflée, ou qu'il y ait des boutons dessus, autrement il faut saigner la bête au col.

Mettez l'animal au masticadour avec l'assa-fœtida gros comme une noix, pendant sept ou huit heures.

Ce remede n'a manqué aucune bête à Mons, ni dans les environs.

Autre remede éprouvé dans la subdélégation du Quenois. Un breuvage composé d'une demi livre de savon noir, démêlé & fouetté dans un pot de lait.

Autre remede éprouvé dans la subdélégation d'Avesnes. Trempez une couverture dans les eaux qui sortent des fumiers, ou imbibez-la; couvrez-en la bête malade; tenez-la bien chaudement : il se fait une éruption au bout de quelque tems à la peau, qui devient couverte de boutons, & elle guérit.

Autre remede éprouvé à Marville, subdélégation de Landrecy. Laissez la bête à jeun pendant six heures; donnez-lui un breuvage composé d'une poignée de suie de cheminée fine passée au tamis, d'une poignée de sel, de trois œufs délayés dans une pinte d'urine d'homme; ensuite de deux en deux heures un autre breuvage, composé d'une poignée de feuilles de sauge, autant de lierre terrestre, de feuilles de plantain long, bouillies dans environ deux pots de petit lait.

Si la bête paroît fort échauffée, donnez-lui de deux en deux heures des lavemens comme le breuvage dernier, à l'exception de la sauge : à mesure que l'animal guèrit, donnez ces remedes plus rarement.

Autre.

M. le Clerc, Médecin des armées du Roi, nous a fait le détail de celle qui parut en

1744, & qui a duré jusqu'en 1746.

Elle s'annonçoit par les poils hériffés ; un tremblement presque universel ; les cornes & les oreilles froides, l'inflammation des yeux & le larmoyement ; tantôt les naseaux donnoient passage à une morve continuelle, tantôt les narines étoient retrécies, rouges & sans écoulement ; la langue étoit séche ou couverte d'une salive blanchâtre écumeuse ; la salivation abondante, les gencives rouges pleines de varices, parsemées de petits boutons jaunâtres ; la même chose arrivoit quelquefois au palais & à la langue ; il survenoit à plusieurs un bubon ou dureté inflammatoire au fanon & aux aînes ; les uns se soutenoient à peine, les autres avoient les jambes roides, ne pouvoient se coucher ; plusieurs ne s'appuyoient que sur les jambes de devant ; les pieds de derriere étoient si sensibles, que les bêtes ne pouvoient supporter le moindre attouchement ; le battement des arteres étoit fort & fréquent ; vers la fin du second & troisieme jour la respiration devenoit difficile, l'animal battoit des flancs & poussoit des gémissemens ; il rendoit par la bouche & par le nez de la morve & de la salive qui devenoit, avant la mort, fétide & sanguinolente ; le quatrieme, cinquieme & sixieme jour, il périssoit comme assommé d'un coup de massue : dans le commencement, les excrémens étoient durs & brûlés, & devenoient ensuite liquides & putrides ; le lait des vaches ne paroissoit altéré que la veille de leur mort ; il devenoit jaunâtre, d'une odeur désagreable.

Remede par le même. Eloignez tout purgatif; saignez à la veine jugulaire ou à la poitrine, ou aux deux endroits en même tems; on peut tirer cinq, six & sept livres de sang, suivant l'âge & les forces du malade. Si les symptômes ne sont pas diminués le lendemain, répétez la saignée & n'hésitez pas à en faire une troisieme si la violence du mal l'exige : ne saignez jamais le troisieme jour (M. Vitet la croit nuisible le second); donnez soir & matin, si l'animal est constipé, une demi-livre d'huile de lin exprimé, ou un lavement composé d'une livre & demi & plus d'huile de lin fraîche & un peu tiede, d'une once & demi de sel ordinaire dissous dans un verre de bon vinaigre.

Les jours suivans les saignées, donnez-lui toutes les trois heures une demi-once de la poudre suivante, délayée dans une écuelle d'eau ou de petit lait : prenez du nitre purifié, de la crême de tartre, de chacune une livre; de camphre deux onces, & reduisez le tout en poudre subtile : si la chaleur, la fievre, la difficulté de respirer & l'insomnie étoient considérables, une heure & demi après chaque prise donnez deux cuillerées du remede suivant.

Prenez du vinaigre de vin, miel cru, de chacun six onces, nitre pulvérisé demi-livre, huile de vitriol demi-once, mêlés ensemble, & agités pendant un quart d'heure sur un très-petit feu sans bouillir. (M. Vitet dit de retrancher ce remede comme mal imaginé, & d'y substituer un simple mélange de miel avec du vinaigre.)

Il regarde comme un secours très-important, de laver tous les jours la bouche du malade &c. avec d'excellent vinaigre, de l'eau-de-vie, de l'huile de lin à parties égales, & un peu de sel de nitre.

Si la bête étoit attaquée d'un grand flux de ventre, supprimez l'huile de lin & diminuez d'un tiers ou d'une moitié les remedes indiqués ci-dessus; & servez-vous d'une grande quantité de petit lait mêlé de farine ou de son.

Si elle commence à se rétablir, ne suspendez pas pour cela les remedes tout-à-coup, diminuez-en seulement la dose & la fréquence.

Etrillez bien doucement deux fois par jour l'animal; & comme l'expérience de tous les siécles a prouvé que dans les maladies contagieuses, les incisions & les cauteres sont des remedes efficaces, M. le Clerc les recommande expressément, de même que la propreté & les parfums toutes les six heures, avec du fort vinaigre ou de poudre à canon, mêlé avec du sel commun & des graines de genievre.

Pour nourriture, de la farine de seigle dans du petit lait jusqu'à consistance de bouillie, du son & des pommes mûres ou non; éloignez l'usage du foin, qui reste dans l'eſtomac de l'animal, s'y féche & s'y brûle.

Pour boiſſon, du petit lait, ou du lait aigre toujours tiéde, d'heure en heure, environ une livre, à défaut de l'eau pure ou de l'eau de ſon légere, avec un verre d'excellent vinaigre ſur trois livres de cette boiſſon.

Telle eſt, dit M. le Clerc, la méthode qui m'a toujours réuſſi, & elle eſt beaucoup préférable à tous les remedes irritans, âcres, chauds, incendiaires, dont le peuple fait uſage, tels que l'ail, l'eau-de-vie, le ſoufre pris intérieurement, la thériaque, & tous les remedes de cette nature, qui ſont plus propres à ſeconder la force du venin, à enflammer les humeurs, à déchirer les vaiſſeaux, à hâter la corruption, qu'à y remedier; de ſorte qu'il en proſcrit abſolument l'uſage.

Autre.

M. *de Sauvages* nous décrit celle qui ſe manifeſta en 1745. Elle commençoit par le dégoût, le refus conſtant des alimens & de la boiſſon, le défaut de rumination, les oreilles & la tête baſſe, la vue trouble, les friſſons de tout le corps, le poil ſe hériſſoit rapidement & ſucceſſivement de la croupe à la tête & de la tête à la croupe, les yeux larmoyoient à la plupart, ſouvent les larmes devenoient chaſſieuſes & purulentes, elles creuſoient quelquefois un ſillon ſur la peau, il découloit des narines une morve purulente & quelquefois fanguinolente, qui paroiſſoit venir du bord des narines; la reſpiration étoit gênée vers le troiſieme jour; le bœuf gémiſſoit, battoit des flancs; ſon cœur battoit plus de quarante-cinq fois par minute, & même juſqu'à quatre-vingt-dix, tandis qu'en ſanté il ne bat qu'environ trente-ſix ou trente-huit.

Le ſymptôme le plus remarquable & le plus conſtant, étoit le cours de ventre, qui commençoit le ſecond ou le troiſieme jour; il étoit précédé de différens efforts pour fienter, & d'une évacuation de matieres dures & noirâtres; mais le cours de ventre une fois déclaré, ils rendoient, & ſouvent lançoient fort loin une matiere coulante d'un vert foncé & d'une odeur inſupportable; le cinquieme ou le ſixieme jour cette diarrhée étoit ſanguinolente; les urines étoient naturelles, & pluſieurs bœufs periſſoient les jours qu'ils prenoient la diarrhée.

Les Profeſſeurs de Médecine de Montpellier conſultés, furent d'avis d'attaquer cette maladie par des remedes préſervatifs avant qu'elle ſe déclarât, plutôt que par des remedes curatifs; tels que la ſéparation des malades avec les ſains, de les tenir proprement, bien étrillés & bouchonnés, & de parfumer les écuries avec du bois de genievre, de laurier, & ſurtout avec du vinaigre.

Auſſi-tôt qu'un bœuf ſeroit attaqué, ils recommanderent de le ſaigner à la veine jugulaire, de le purger avec l'aloès & la brionne mêlée avec le jus de pruneaux ; le lendemain d'employer les médicamens propres à pousser la transpiration & la sueur, tels qu'une once de thériaque avec une noix muscade, du gérofle, de la canelle, du poivre, de chacun une pincée en poudre dans une pinte de vin ; les tenir chaudement & couverts pendant l'usage de ces remedes ; les parfumer, les faire boire chaud & souvent ; & après le sudorifique, mettre un séton à la panne avec l'ellébore.

Autre.

Elle parut en 1760. M. Reinier qui, la traita, nous dit que l'animal perdoit ses forces, il trembloit, se tenoit couché, ne se levoit que pour chercher à se rafraîchir ; il avoit la tête basse, les oreilles pendantes ; étoit triste, avoit les yeux rouges, pleuroit, sa peau étoit chaude & séche, la respiration fréquente & difficile.

Après beaucoup de progrès l'animal battoit des flancs, sa toux étoit fréquente, l'haleine fétide, le cœur & les arteres battoient avec force, la langue & le palais étoient arides & noirâtres, la rumination cessoit, il perdoit l'appetit, urinoit peu & rarement, les urines étoient rougeâtres, la soif étoit considérable au commencement, les excrémens étoient durs & noirâtres, quelquefois liquides & sanguinolens ; les vaches perdoient leur lait.

Chez plusieurs il se formoit des tumeurs

inflammatoires, tantôt vers la poitrine, aux vertebres du col & au ventre, tantôt aux mamelles & aux parties naturelles; chez d'autres il paroissoit des boutons comme de gale & des furoncles : plus ces symptômes étoient multipliés, plutôt l'animal périssoit ; ordinairement le quatrieme jour il étoit mort ou guèri : s'il passoit le quatrieme & que le septieme fût heureux, sa guèrison étoit comme certaine.

M. *Reinier*, pour combattre cette maladie, eut recours à l'eau pure, au petit lait, au suc de laitue, de petite joubarbe avec décoction d'orge, de son, de semences de courge ou de concombre, donnés en breuvage & en lavemens : si le mal étoit urgent, du nitre, le vinaigre mêlé avec suffisante quantité de miel & étendu dans une décoction de feuilles de mauve & de pariétaire, donnés en breuvage ou en lavement.

Lorsque la diarrhée étoit considérable & que la dyssenterie paroissoit, il faisoit diminuer la quantité de vinaigre, & ajoutoit au petit lait deux onces de quinquina, ou quatre onces d'écorce de frêne en poudre. Le séton placé à la panne ou au bas ventre, & les parfums de vinaigre, produisirent de très-bons effets.

La maniere de traiter les tumeurs fut de les ouvrir, ensuite d'appliquer sur toute l'étendue un cataplasme fait avec les feuilles d'absinthe, de menthe, de rue, le sel ammoniac & le vin, qu'on changeoit dès qu'elles commençoient à sécher, & de panser l'ulcere avec l'onguent égyptiac, qu'on recouvroit du cataplasme précédent.

Autre.

On s'en apperçut en 1761. Les animaux ne mangeoient point & avoient un désir insatiable pour la boisson, les yeux tristes & troublés; sur le champ le lait tarissoit aux vaches; toute la face interne de la bouche ne présentoit qu'un ulcere, & des naseaux découloit continuellement une matiere plus ou moins fétide; la langue étoit noire & desséchée, la respiration difficile; enfin la gangrene s'emparoit de l'arriere bouche & l'animal mouroit.

On étoit persuadé que les petits vers étoient la cause de cette maladie; c'est pourquoi M. Plenciz faisoit prendre au malade quarante-huit grains de mercure doux, demi dragme de camphre & du vin quantité suffisante pour un bol; & cela deux fois par jour; on donnoit au cheval & au bœuf une très-grande quantité d'eau blanche, où l'on avoit fait bouillir du mercure.

M. *Vitet* observe que les breuvages & les lavemens avec la seule décoction de pruneaux ou de tamarin, furent les seuls remedes qu'on employa avec succès en qualité de purgatifs; que plusieurs confreres de M. Plenciz souhaitoient qu'on lavât la bouche & les naseaux avec une forte infusion de feuilles d'absinthe & de suie de cheminée dans du petit lait; qu'on le donnât deux fois par jour en breuvage & en lavemens; & qu'on les parfumât deux fois par jour avec du cinabre, & qu'on ne se servît pas du mercure doux.

Autre.

En 1762 elle se manifesta en Dannemark, ou elle fit de grands ravages, par un frisson général, par la toux; les yeux devenoient ternes, humides & chassieux; il en couloit deux jours après, des larmes; les vaches perdoient leur lait; la chaleur survenoit ensuite & surtout à la nuque; l'animal dégoûtoit les alimens solides; il buvoit volontiers tant que l'inflammation ne l'empêchoit pas d'avaler; il sortoit abondamment des narines & de la bouche, une matiere baveuse & d'une odeur insupportable; quelquefois il étoit constipé, mais la plupart rendoient, au commencement, des matieres fécales plutôt aqueuses que solides; vers la fin de la maladie, les deux dernieres articulations de la queue se corrompoient & devenoient mollasses; si on enlevoit la peau qui les couvroit, il en sortoit une matiere purulente & fétide; la corruption gagnoit de proche en proche jusqu'aux cornes, qui devenoient froides & se vuidoient; lorsque le froid atteignoit les oreilles & les narines, ce qui arrivoit le sixieme ou le septieme jour, l'animal mouroit.

On n'a pas fait part au public des remedes dont on usa. M. *Vitet* dit que dans cette circonstance, il faut donner de l'eau blanche nitreuse, le camphre & le nitre unis avec le miel, le miel dissous avec une grande quantité d'eau aiguisée avec du vinaigre, le petit lait, le suc de feuilles de laitue ou la décoction d'orge en lavement ; ensuite pour donner des forces à l'animal, une once de suie de cheminée délayée dans une infusion de feuilles d'absinthe de chopine, réitéré deux fois par jour en boisson ; un séton avec l'ellébore au fanon, & laver plusieurs fois dans le jour la queue, avec une forte infusion d'absinthe & de rue, dans du vinaigre saturé de sel amoniac.

Autre.

La même année il en parut une en Dauphiné, dans la Paroisse de Mesieux : elle s'annonçoit par le refus de toute espece d'alimens solides & mêmes liquides, par la tête & les oreilles basses, les yeux larmoyans, le poil terne, la constipation, l'enflure douloureuse aux environs de la ganache & le long du cou ; le pouls plus concentré que fréquent, & une humeur écumeuse qui sortoit de la bouche & des naseaux ; & trois ou quatre jours après, il arrivoit un battement de flancs considérable, & une extrême foiblesse, signe d'une mort prochaine, ou des tumeurs inflammatoires qui faisoient bien augurer des malades.

Suivant les observations qui ont été faites, le Dauphiné & la Bresse sont très-souvent exposés à cette maladie épidémique ; elle est, pour ainsi dire, propre à ces pays.

M. *Bourgelat* donna d'abord un préservatif contre cette maladie ; de conduire les bêtes saines dans des écuries non infectées & propres, & parfumées avec des baies de genievre & de laurier, écrasées & macérées dans du bon vinaigre, & faire évaporer le tout à une douce chaleur ; les saigner à la jugulaire, leur donner pour boisson de l'eau aiguisée de vinaigre, diminuer la quantité de nourriture, les envoyer au pâturage après la rosée passée, les ramener avant la chute du sérein, & ne pas les laisser exposés à l'ardeur du soleil.

Pour la contagion, il fit saigner à la veine jugulaire une fois seulement ; pour toute nourriture & pour boisson, de l'eau blanchie par le son, plus ou moins saturée de nitre ou de vinaigre, selon les symptômes ; des lavemens composés d'une décoction de feuilles de mauve & de pariétaire, dans laquelle on faisoit dissoudre une once de nitre, deux fois par jour ; d'injecter trois fois le jour dans les naseaux & dans la bouche, une décoction de plantes de ronces & d'aigremoine, & les vapeurs d'une infusion aromatique, animée d'une plus ou moins grande quantité de vinaigre.

Les tumeurs inflammatoires, qui tenoient de la nature du charbon, furent conduites à suppuration par des cataplasmes maturatifs; aussitôt qu'on y apperçut fluctuation, on les ouvrit avec le bistouri ou un bouton de feu, ensuite on les traita comme ulcère simple.

Autre.

En 1763 elle se manifesta dans le Brouageois, élection de Marennes, généralité de la Rochelle, par le refus de nourriture; l'animal étoit triste, la tête baissée, les oreilles froides & abattues, le poil hérissé & terne, les flancs applatis, le ventre tendu & plein, tout le corps tiraillé, & faisant des efforts pour uriner; les urines étoient claires, la constipation survenoit, la rumination cessoit; quelques heures après, s'il ne paroissoit point de tumeurs à la superficie du corps, les frissons saisissoient le malade; il trembloit, ses yeux se ternissoient & devenoient larmoyans; il sortoit une bave tenace de la bouche & des narines; il se couchoit & mouroit tranquillement, ou agité de convulsions plus ou moins vives dans les extrêmités; il alongeoit souvent la tête; il étoit essoufflé, poussoit de longs soupirs; quelquefois il toussoit: ces symptômes venoient avec tant de rapidité, que plusieurs bœufs succomboient sous le joug avant que le laboureur s'apperçût du moindre mal.

Les tumeurs qui attaquoient le nez, la bouche & le fondement des bestiaux, & particulièrement le poitrail des chevaux, étoient presque toujours les signes avant-coureurs d'une mort prochaine ; au contraire, celles qui affectoient le fanon des bœufs, étoient moins dangereuses.

La mortalité s'étendit sur les bœufs, les chevaux & les brebis.

M. *Nicolau*, aidé des conseils de M. *Bourgelat*, ordonna pour préservatif, de faire de grands feux près des étables ; de les tenir propres & parfumés avec le genievre & le soufre ; de séparer les malades des sains ; d'enterrer les cadavres dans des fosses profondes ; de les priver du fourrage corrompu ; de les abreuver dans l'eau courante ; de faire boire tous les jours au bœuf & au cheval, une pinte de vinaigre où l'on auroit fait macérer une poignée de baies de genievre.

Il faisoit donner au malade, une fois par jour pendant tout le cours de la maladie, à jeun, demi-once de gomme ammoniac, & autant d'assa-fœtida, grossièrement pilé, qu'on faisoit dissoudre dans une demi-pinte de vinaigre ; dans le cas où le mal devenoit plus grave, il recommanda l'alcali volatil, de sel ammoniac à la dose d'une demi-cuillerée dans un quart de pinte de vin ou d'infusion de genievre, & cela trois fois le jour ; au moindre signe de sueur, il prescrivit de la soutenir avec une once de thériaque ou d'orviétan, délayé dans les mêmes véhicules, de couvrir l'animal, ensuite d'abattre la sueur avec le couteau de chaleur, enfin de le bouchonner
avec

avec force ; d'appliquer fur les tumeurs les véficatoires dès qu'elles étoient dures & peu difpofées à la fuppuration ; d'ouvrir la tumeur s'il y avoit fluctuation, plutôt avec le feu qu'avec l'inftrument tranchant ; de panfer l'ulcere avec l'onguent égyptiac & le fuppuratif mêlés à parties égales ; de faire deux fois par jour des lotions avec de l'eau fimple & de l'eau-de-vie, tenant en folution deux dragmes de fel commun, fur une pinte d'eau commune & demi-pinte d'eau-de-vie ; enfin de panfer l'ulcere accompagné d'un pus louable, avec le digeftif ordinaire jufqu'à parfaite cicatrice.

Autre.

Elle a paru en 1773 dans une partie de la généralité d'Amiens ; elle s'annonce d'abord par une toux plus ou moins forte : dès cet inftant, il faut faigner l'animal & le mettre aux boiffons délayantes ou rafraîchiffantes. On prendra enfuite de farine de feigle une jointée ou deux, de fon de froment, que l'on mettra dans un fceau d'eau commune, avec demi-once de fel de nitre, & au fond demi-verre de vinaigre, que l'on fera tiédir, & on en donnera abondamment pour boiffon.

On adminiftrera trois fois par jour un lavement compofé d'une jointée ou deux de fon de froment, avec une once de criftal minéral, le tout divifé en trois : au bout de trois ou quatre jours, fi l'animal va mieux, on discontinuera l'usage de la boisson.

Si la fiévre se manifeste ; les poils se hérissent sur les reins, le dos & presque sur tout le corps, la tête est basse, les oreilles pendantes, les flancs battent, & la respiration est difficile ; il y a constipation, ensuite diarrhée, quelquefois même dyssenterie : il faut continuer les précautions ci-dessus, & réitérer la saignée ; ajouter de plus sur chaque sceau d'eau blanche, deux bouteilles d'une forte décoction d'orge, avec trois onces de miel commun, & faire respirer à l'animal la vapeur de l'eau chaude.

Donnez pour toute nourriture des bols de son de froment & de miel cuit ensemble.

S'il y a constipation, multipliez les lavemens, & ajoutez-y un verre d'huile d'olive ou du sain-doux.

S'il y a diarrhée, faites les lavemens avec une poignée de graine de lin bouillie avec une demi-once de sel de nitre, & autant de miel sans huile ni sain-doux.

S'ils ne procurent pas soulagement, faites-en avec deux gros de quinquina en écorce bouillie dans l'eau, & après la colature, ajoutez-y deux cuillérées de miel.

Pour appaiser la toux, prenez cinq à six figues grasses, écrasez-les avec trois onces de miel ; enveloppez le tout dans un linge autour d'un bâton ; placez-le trois ou quatre fois par jour dans sa bouche en maniere de mords de bride.

Bouchonnez l'animal trois ou quatre fois par jour avec de la paille ; couvrez-le ; tenez l'écurie propre, & brûlez-y du vinaigre fur une pelle chaude.

Si les accidens augmentent, faites un bol avec trois gros de quinquina, un gros de camphre, que vous ferez diffoudre dans quatre jaunes d'œuf, une once de miel & une cuillerée de vinaigre, & donnez-le deux heures après ; faites prendre une bouteille ou forte décoction de graines de genievre : fi la fueur fe manifefte, entretenez-la par les couvertures, la chaleur de l'étable & une once de thériaque, que vous ferez avaler dans une bouteille de vin rouge ; quand elle fera paffée, bouchonnez & parfumez.

Lavez la bouche de l'animal avec un mélange d'eau d'orge, de miel & de vinaigre.

Lorfque les foins auront opéré, & que la maladie fera appaifée, il faut employer le purgatif fuivant.

Séné deux onces ; faites infufer pendant trois heures dans une bouteille d'eau commune bouillante ; coulez & ajoutez aloès fuccotrin, manne graffe, de chacun une once ; laiffez infufer le tout pendant la nuit fur les cendres chaudes ; ajoutez-y le lendemain deux onces de fel d'Epfon, & faites prendre le tout tiéde à l'animal, qu'on ne laiffera manger que fur les neuf ou dix heures.

On aura auffi attention après la cure, de faire obferver la diete pendant quelque tems.

Cette méthode a été donnée par le sieur Mallet, éléve de l'Ecole Vétérinaire.

CHAPITRE III.

Des Bêtes à laine & de leurs Maladies.

IL paroît inutile de rien dire de plus des bêtes à laine, que ce qui a été observé à ce sujet dans la premiere partie de cet Ouvrage : aussi il ne sera parlé ici que de leurs maladies.

Maladie appellée Tournoyement, Vertige.

Voyez ci-devant aux Chap. des Chevaux.

Il n'y a point de différence pour le traitement de cette maladie, sinon qu'il faut saigner la brebis à la queue, & lui donner pour nourriture & boisson, un peu de son humecté avec de l'eau saturée de deux parties de nitre, & d'une partie de sel marin. M. *Vitet*, M. *Hastfer Suédois*, outre la saignée à la queue, conseille encore l'incision aux oreilles.

Autre Remede. Tenez l'animal à la diete & à l'eau blanche ; saignez une ou deux fois ; donnez des lavemens & purgez plusieurs fois. M. *Helvetius.*

Autre Remede. Prenez deux pailles de seigle battu ; rognez l'épi au troisieme nœud, en y laissant les barbes ; coupez ensuite le tuyau de la paille à deux ou trois pouces plus bas que la naissance de l'épi, selon la longueur de la tête ; insinuez chaque paille par le bout opposé aux trois nœuds de l'épi, dans chacun des conduits que les moutons ont au bout de la partie supérieure du palais derriere les gensives, qui pénétrent depuis leur orifice jusqu'au cerveau, de sorte que les barbes soient arrêtées dans les ouvertures : on les y laisse six ou huit jours, & même jusqu'à ce qu'elles tombent en pourriture. M. *Carlier*, dit que c'est le seul remede dont une bête tourni puisse être soulagée, & que cette méthode est préférable.

Autre maladie appellée Toux.

C'est ordinairement au printems que les bêtes à laine sont incommodées de cette maladie.

Remede. Faites boire de l'eau miellée, aiguisée d'une petite quantité de sel, & donnez-en peu ; faites recevoir au malade les vapeurs d'encens & de soufre. M. *Vitet.*

Si la toux est violente & soutenue depuis long-tems, elle annonce la pulmonie, maladie incurable. M. *Carlier* dit, que si la toux dure plus de huit jours, il faut saigner à la tête, & donner de l'eau blanchie avec la farine d'orge, un peu d'ail & d'avoine.

Autre maladie appellée Abcès à la Gorge.

Les bêtes à laine sont sujettes aux abcès

à la gorge, qui donnent quelquefois un pus d'un jaune foncé.

Remede. Dès que l'abcès est parvenu à sa maturité, ouvrez-le & lavez avec du vinaigre. M. *Hastfer*, M. *Carlier*.

Autre maladie appellée Erésipele, Feu-Sacré.

La douleur, la chaleur, la tuméfaction légere des tégumens, constituent l'érésipele; ses bornes ne sont point limitées comme celles des autres maladies inflammatoires; il est presque toujours accompagné de siévre & d'une rougeur très-vive, qu'on apperçoit en écartant les poils ou la laine.

Remede. Une ou deux saignées faites en vingt-quatre heures, si l'inflammation étoit vive; si elle occupoit la tête & le cou, ne craignez pas de la répéter; une heure après, donnez un lavement composé d'une infusion de feuilles de séné, saturé de crême de tartre, & réitérez trois fois dans vingt-quatre heures; ensuite passez aux lavemens faits avec la décoction d'orge, tenant en solution ou de la crême de tartre ou du nitre.

Pour nourriture, les plantes fraîches & abondantes en mucilages aqueux; le petit lait ou l'eau blanche nitreuse pour boisson.

Lorsque la maladie diminue, donnez deux fois par jour un bol composé de parties égales de soufre & de miel.

Tant que l'inflammation ne fait pas de progrès, appliquez sur la tumeur une infusion de fleur de sureau aiguisée d'eau-de-vie & de sel de saturne ; mais si la douleur & la chaleur étoient vives, fomentez avec une infusion de fleur de sureau, aiguisée d'une petite quantité d'eau-de-vie, jusqu'à son dernier degré d'accroissement ; alors mettez-y des linges ou des étoupes imbibées d'une solution de sel de saturne dans l'eau-de-vie : si la suppuration s'établit, appliquez sur la partie ulcérée un onguent composé de deux parties de sel de saturne & d'une partie de bon miel exactement triturés, & couvrez de compresses imbibées d'eau-de-vie. M. *Vitet.*

Si la gangrene paroît, mettez en usage les moyens indiqués ci-devant.

Autre maladie appellée Erésipele Contagieux.

La rougeur, la chaleur & la douleur, s'emparent de la plus grande partie des tégumens ; l'animal est triste, dégoûté, inquiet, & pris d'une fiévre plus ou moins vive : ce mal se communique avec assez de promptitude parmi les bêtes à laine, & quand elles en sont infectées, la laine tombe & souvent l'érésipele dégénére en gangrene.

Remede. Séparez l'animal malade des sains ; parfumez les écuries avec du vinaigre aromatique ; tirez à la bête deux onces de sang de la veine jugulaire ; faites-lui avaler deux fois par jour de soufre & de miel ; même boisson & nourriture que ci-dessus ; exposez-le à la vapeur du vinaigre, où vous pouvez ajouter un demi-septier d'eau-de-vie sur un pot de vinaigre ; lorsque l'érésipele ne tourne pas vers la solution, il faut sur le champ assommer l'animal & l'enterrer, sans l'écorcher, dans une fosse très-profonde. M. *Vitet.*

Autre maladie appellée Chancre.

Les bêtes à laine sont exposées à des petites vésicules pleines d'une humeur rousse, qui attaquent ordinairement les tégumens du cou, elles excitent au commencement une vive démangeaison, & lorsqu'elles sont ouvertes, elles s'étendent autour ; elles détruisent les tégumens & les muscles voisins, quelquefois elles pénétrent jusqu'aux os : on a vu des bêtes à laine attaquées de cette maladie, avoir les yeux rouges, les tégumens & les muscles de la tête détruits jusqu'à laisser le crane à découvert.

Remede. Suivez la méthode indiquée pour cette maladie au Chap. des Bœufs.

M. *Carlier* donne le nom de chancre ou boucle, à des boutons qui paroissent sur la langue de l'animal, sur les parties inférieures & supérieures de la bouche, & qui n'étant pas traités à propos, gagnent le gosier & même les intestins.

Remede. Si le chancre ne fait que commencer, il suffit de frotter la bouche avec du vinaigre, de l'ail & du poivre.

Les boutons se changent-ils en petites vessies remplies de pus, on les écrase avec un morceau de genievre; on nettoye & on blase l'endroit avec une infusion de vinaigre, de sauge, de sel & d'hysope, d'une demi-once de sel dans une chopine de vinaigre : l'enflure suit, on incise les chairs & on passe dessus les ingrédiens dont on vient de parler; on fait avaler au malade un peu de thériaque pour le fortifier.

Autre maladie appellée, Rot sans effort sensible pour vomir.

C'est un mouvement convulsif du gosier, d'où naît un bruit approchant du rot; les bêtes à laine en sont tourmentées avant & après avoir mangé, & en pâturant; elles maigrissent tous les jours d'une maniere sensible; elles languissent; elles vont toujours les dernieres au pâturage, portent la tête basse, mangent peu & leur laine tombe.

Remede. Donnez pour nourriture une petite quantité de foin fin, un peu saupoudrée de sel marin & de nitre; donnez-leur à jeun & le soir trois heures après avoir mangé, demi-livre de bon vin vieux, & parfumez l'écurie avec parties égales d'eau-de-vie & de vinaigre : si la bouche est enflammée, & si vous soupçonnez de l'embarras dans les premieres voies, faites boire à l'animal de l'eau blanche nitreuse, & donnez-lui à jeun demi-livre de petit lait ; fi la chaleur eſt calmée, & que le rot ſubſiſte, faites-lui boire du vin ou un peu de térébenthine en ſolution dans un jaune d'œuf. M. *Vitet.*

Autre maladie appellée Aſſoupiſſement cauſé par le Soleil.

Les bêtes à laine ont beaucoup de peine à ſe rendre à l'écurie, & auſſitôt qu'elles y ſont arrivées, elles ſe mettent en peloton, changent rarement de ſituation, ſont peu ſenſibles aux menaces & aux coups ; elles refuſent les alimens & la boiſſon, & meurent ſans entrer en convulſion.

Remede. Faites-leur deux ou trois ſaignées aux veines de la cuiſſe & des flancs ; donnez-leur en lavement, de l'eau aiguiſée de nitre & de crême de tartre ; faites évaporer beaucoup du vinaigre dans les écuries ; pour boiſſon, de l'eau blanche ſaturée de crême de tartre ; appliquez ſur toute la tête, des étoupes imbibées de vinaigre de ſaturne tiéde ; fomentez les jambes avec de l'eau chaude : ſi l'aſſoupiſſement ne paroît pas diminué & accroît, ouvrez les parotides. M. *Vitet.*

Cette maladie eſt commune au bœuf.

Autre maladie appellée Conſtipation. Elle eſt plus fréquente au cheval & aux bêtes à laine, qu'au bœuf.

L'animal reſte un jour ou deux, & quelquefois quatre sans fienter ; les crotins sont secs & durs ; l'animal est inquiet, les tégumens sont échauffés, & fait des efforts pour fienter sans le pouvoir ; les bêtes à laine élévent la tête & font le dos haut : cette maladie produit souvent la fiévre, & un commencement d'inflammation dans les intestins.

Remede. Faites feuiller l'animal ; injectez l'intestin rectum d'une décoction de racine de guimauve, tenant en solution trois onces de manne & une once de nitre; réitérez ce lavement trois ou quatre fois dans le jour ; ensuite contentez-vous d'injecter de la décoction de racine de guimauve aiguisée de nitre; ne donnez pour boisson que de l'eau blanche, & pour nourriture du son mouillé.

Enlevez avec une petite curete d'acier les crotins des bêtes à laine, & injectez dans l'anus quatre onces de petit lait, & faites-leur en boire six onces, & réitérez jusqu'à guèrison. M. *Vitet.*

Autre maladie appellée Morve.

C'est une maladie contagieuse avec écoulement par les naseaux d'humeurs visqueuses, blanches ou rousses, enfin purulentes, qui viennent des poumons ; elle s'annonce par le dégoût, la tristesse & la foiblesse : cette maladie est la plus dangereuse de toutes, pour les bêtes à laine.

La morve des bêtes à laine, est ordinairement mortelle, & souvent elle se communique jusqu'au point d'infecter, en très-peu de tems, des troupeaux nombreux.

Remede. Il faut faire avaler à la bête morveuse, une cuillerée d'eau-de-vie avec du mitridate; si dans trois jours elle ne guérit pas, c'est une marque que la morve est formée, & qu'il n'y a plus rien à faire qu'à étouffer l'animal. *L'Auteur de la Nouvelle Maison Rustique.*

M. *Vitet* dit, que lorsqu'il ne se trouve dans un troupeau que deux ou trois bêtes affectées de la morve, il faut les faire assommer sur le champ & les enterrer profondement.

Autre maladie appellée Feu de St. Antoine.

Elle se manifeste par un bouton enflammé, qui s'éléve sur la peau dans les endroits dépourvus de laine, comme dans ceux qui en sont ornés; bientôt elle dégénére en gangrene, qui détruit les parties voisines; s'il affecte la tête, les yeux, les cornes & les oreilles tombent, de sorte que le crâne paroît à découvert; cette maladie attaque souvent la moitié du corps avant que l'animal périsse.

Remede. Plusieurs bergers regardent cette maladie comme incurable : le cerfeuil pilé & mêlé avec la vieille bierre en lotion; le mélange de l'huile, de tabac, de soufre & de mercure en onction, & l'infusion de feuilles de rue dans la lessive en lotion, font les remedes qui ont le mieux réuſſi. M. *Haſtfer.*

M. *Vitet* ne conſeille que la ſeule infuſion de feuilles de rue & l'huile de tabac; il ajoute l'infuſion d'abſinthe ſaturée de ſel ammoniac, celle de ſabine & de ſauge dans du bon vin, & pendant le cours de la maladie deux bols par jour, compoſés chacun d'une dragme de racine de gentiane en poudre, & demi dragme de nitre avec le miel, & conſeille l'extirpation du bouton & des parties voiſines.

Autre maladie appellée Poiſon.

Dès que les bêtes à laine ont avalé des chenilles ou quelque choſe de vénimeux, elles commencent à enfler, ſurtout à la bouche ou à la langue; l'haleine devient fétide; elles prennent la diarrhée, & ſouvent une mort ſubite les enleve.

Remede. Il faut les ſaigner au plus vîte ſous la queue à la partie qui eſt proche des feſſes, ou bien aux veines des levres; enſuite on leur fait boire de l'urine d'homme, ou bien de l'orviétan ou de la thériaque délayée dans l'eau. *L'Auteur de la Nouvelle Maiſon Ruſtique.*

Autre Remede. Donnez ſur le champ de la thériaque ou de l'urine où vous aurez broyé des oignons & diſſous du ſel ou de la thériaque avec de racine de tormentille, ou une infuſion d'oignons & de rue dans du vinaigre, ou une infuſion de feuilles de rue dans du lait de jument ; faites au malade une incision dans les levres & sous la queue ; frottez-lui la bouche avec un mélange de sauge, de sel & d'hysope. M. *Hastfer.*

Autre maladie appellée Jaunisse, causée par les Vers.

Le foie des bêtes à laine contient, même en parfaite santé, des vers, de même que le fiel ; vous leur appercevez un air triste & abattu, en même tems dégoûté & ne respirant qu'à peine.

Remede. Donnez-leur très-peu à boire ; faites-leur prendre deux fois par jour, quatre onces de suc de feuilles de rue saturée de sel marin ; faites boire le matin à jeun & autant le soir, la colature de deux poignées de feuilles d'absinthe, une once de sel marin, & demi-livre d'eau infusée pendant demi-heure.

Si ce remede ne réussit pas, formez un bol de suie de cheminée à la dose de demi-once par jour, incorporé avec suffisante quantité de suc de feuilles de rue ou de feuilles d'absinthe. M. *Vitet.*

Autre maladie appellée Jaunisse Froide.

La tristesse, la perte de l'appétit, la couleur jaune des yeux, les vaisseaux de l'œil variqueux, la langue jaunâtre, la difficulté de respirer, la contraction des muscles de l'abdomen plus ou moins usés, les tégumens plutôt froids que chauds, les vaisseaux superficiels petits, l'urine trouble, les matieres fécales, liquides & jaunâtres, la répugnance pour la boisson, la pulsation aussi fréquente que dans l'état naturel, mais plus petite.

Certains bouchers connoissent que le foie des bêtes à laine est altéré, lorsqu'en poussant & pressant l'œil vers le petit angle, le bouton situé au grand angle de l'œil paroît blanc; d'autres en sont plus certains, quand ils apperçoivent sur la cornée opaque, une teinture jaunâtre & des vaisseaux variqueux.

M. *Carlier* dit, qu'il faut examiner les gencives, le dedans des paupieres & le contour de l'œil; si au lieu d'un rouge vif, naturel & sans inflammation, la couleur de ces parties est un blanc pâle & livide, ces derniers signes annoncent un mal sans remede.

Remede. Le suc exprimé de feuilles de chélidoine, incorporé à partie égale de miel; le foin abondant en feuilles d'aigremoine, d'absinthe, de fumeterre, &c.; le savon incorporé avec l'extrait de genievre; le savon mêlé avec la gomme ammoniac & le miel, sont les remedes dont il faut attendre le plus de succès. M. *Vitet.*

Autre maladie appellée Jaunisse avec chaleur.

L'animal est triste, accablé; la chaleur

des tégumens est augmentée ; les veines qui rampent sur la peau & la cornée opaque sont gonflées ; la langue est chaude ; le désir de la boisson se fait vivement sentir les premiers jours, ensuite l'appétit diminue, la respiration est genée, les muscles de l'abdomen ont beaucoup de tension, les oreilles sont froides, le poil est hérissé, la cornée opaque, les levres & les barres prennent une couleur jaune, les urines colorées, plus ou moins troubles, & paroissent rouges sur le pavé.

Le bœuf & les bêtes à laine rarement échappent à cette maladie ; lorsqu'ils sont foibles & âgés, une violente diarrhée les conduit à la mort ; s'ils sont jeunes & le mal récent, on peut espérer une prompte guèrison.

Remede. Saignez & réitérez, selon la plénitude des vaisseaux, l'espece & l'âge ; donnez plusieurs lavemens avec la décoction d'orge & de nitre ; donnez pour breuvage du petit lait, de l'infusion de feuilles d'aigremoine aiguisée avec du nitre ou du vinaigre combiné avec l'alcali fixe, jusqu'à parfaite saturation ; faites prendre plusieurs bains, & non aux bêtes à laine ; donnez pour nourriture, du son humecté avec de l'eau saturée de nitre, & pour les bêtes à laine, de sel marin ; si les chaleurs des tégumens & de la langue disparoissent ; si les matieres fécales deviennent fluides & jaunes ; si la couleur jaune des yeux se maintient ; si l'appétit ne revient pas, employez les remedes prescrits pour la jaunisse froide. M. *Vitet.*

Autre maladie appellée Gale.

Voyez ci-devant au Chap. des Bœufs.

Les bêtes à laine galeuses se frottent & se mordent la partie affectée de gale : cette maladie détruit souvent des troupeaux entiers ; les ulceres qui en proviennent sont très-difficiles à déterger.

Remede. Après avoir lavé les parties affectées avec de l'eau fraîche, frottez-les avec un onguent composé de suif, de goudron & de soufre ; donnez pour remedes intérieurs la poudre de fourmis, mêlée avec un peu de feuilles de rue ; l'infusion de feuilles de tabac dans l'urine plus ou moins saturée d'alun en lotion ; l'onguent composé de soufre & de graisse, seul ; le mélange de soufre, de vitriol & de graisse ; celui de soufre, de verd-de-gris, de graisse & d'alun ; le mélange de soufre, de camphre, de galéga & d'huile, sont autant de compositions que vous pouvez employer avec succès contre la gale. M. *Hastfer.* Ajoutez-y le mélange d'huile de cade avec l'huile d'olive ; observez de laver les bêtes à laine, dès qu'elles sont guéries, avec de l'eau pure & fraîche, & les saines avec de la saumure, & de les rincer tout de suite avec l'eau fraîche pour les préserver.

Autre maladie appellée Piſſement de Sang.

Remede. La ſaignée entre les ongles & ſous la queue, la ſemence rouge de bugloſe mêlé avec du ſel, de l'eau ſaturée de ſel, le cumin mêlé avec le ſel, l'huile de millepertuis avec de la bierre chaude, paſſent pour les remedes propres à combattre cette maladie. M. *Haſtfer.*

Voyez ci-devant au Chap. du Cheval & du Bœuf.

Autre maladie appellée Colique.

Le gonflement de ventre & l'agitation des bêtes à laine annoncent les coliques, de même que lorſque les vents en ſortant de l'anus calment les ſymptômes.

Remede. Le houblon, la rue, l'abſinthe, la racine d'angélique & la thériaque, ſont les remedes qui peuvent la diſſiper. M. *Haſtfer.*

Voyez ci-devant au Chap. du Cheval & du Bœuf.

Autre maladie appellée Difficulté de Reſpirer.

Cette maladie provient d'une trop grande abondance de ſang, de quelque obſtruction dans les conduits de la reſpiration.

Remede. Il faut leur fendre les naſeaux, ou bien leur couper le bout des oreilles *sur la Santé de ses Bestiaux.*

l'une après l'autre. *L'Auteur de la Nouvelle Maison Rustique. M. Carlier.*

Autre Remede. Donnez des fleurs de soufre mêlées avec des baies de genievre & du sel ; si l'oppression est considérable, ouvrez les veines de l'oreille. M. *Hastfer.*

Autre Remede. Le mélange de térébenthine avec le miel, & la saignée aux veines de la queue. M. *Vitet.*

Autre appellée Maladie Pédiculaire.

Les poux incommodent fort les bêtes à laine, les dessèchent & les empêchent de profiter.

Remede. Prenez de la racine d'érable, faites-la bouillir dans l'eau, & frottez-en les bêtes malades. *L'Auteur de la Nouvelle Maison Rustique.* M. *Hastfer.*

Voyez ci-devant au Chap. du Cheval & du Bœuf.

Autre maladie appellée Morsure d'une Bête Vénimeuse.

Remede. La thériaque mise sur la morsure d'une bête vénimeuse, & donnée en bol, n'est pas si efficace que l'alcali volatil. M. *Hastfer.*

Voyez au Chap. du Bœuf.

Autre maladie appellée Hydropisie.

Elle se manifeste par la grosseur de la

tête; il survient à la mâchoire inférieure une espece de tumeur capsuleuse remplie de sérosité, & tout le corps enfle.

Remede. Nourrissez les bêtes à laine avec de la bruyere séche ; de feuilles d'aulne & des épics de seigle, point de fluide; purgez-les avec le petit lait, & faites leur prendre tous les jours un breuvage composé d'une infusion de nitre de sel marin, de feuilles d'absinthe & de rue, de racine de persil & de gentiane. M. *Hastfer.* M. *Vitet.*

On rapporte qu'un particulier dans la province de Kent en Angleterre, dès qu'il apperçut ses brebis attaquées d'hydropisie, donna chopine à chacune d'une forte décoction de tripemadame ou *sedum minus*; ce qui les purgeat avec force & les guérit.

Autre maladie appellée Enflure.

Cette maladie provient de ce que les bœufs, les bêtes à laine & les chevres, ont mangé des substances trop nutritives & abondantes en air, comme les pommes, la luzerne, le trefle, &c. leur panse devient si grande qu'elle ne peut être distendue sans augmenter sensiblement le volume du ventre ; & lorsqu'on le frappe il raisonne à-peu-près comme un tambour.

Remede. Nos Paysans ne donnent d'autre remede qu'une forte prise de thériaque, les font marcher & courir jusqu'à ce qu'ils soient venus du ventre ; & rendu beaucoup de vents par l'anus; & si ce remede ne réussit pas, ils enfoncent un couteau dans la panse, & par le trou l'animal se dégonfle & guérit.

M. *Vitet* conseille de prendre du bon vinaigre, d'y délayer deux onces de l'extrait de genievre & de le faire avaler à l'animal; ensuite donner un lavement avec une forte infusion de fleurs de camomille romaine, de feuilles de séné, & réitérer toutes les heures, & ne craignez pas de faire marcher ni fatiguer l'animal.

Si cela ne réussit pas, plongez les troicart dans le bas ventre, & laissez-y la canulle jusqu'à ce que l'air contenu dans la panse se soit dissipé.

Autre maladie appellée Clavelu, Claveau, ou Clavin.

Le clavin, maladie particuliere aux bêtes à laine, se communique facilement; il se manifeste par des boutons enflammés qui s'élevent sur les tégumens au ventre, à l'intérieur des cuisses, aux épaules, au nez, aux mamelles & au-dessous de la queue; l'éruption est retardée ou accelérée, selon la température de l'air, la force, l'âge & le tempérament de l'animal : ordinairement cette maladie est complette le quatrieme ou le cinquieme jour; les boutons sont de plusieurs formes & de différentes couleurs, tantôt ronds, tantôt oblongs; ils commencent tous par être rouges, ensuite ils blanchissent, deviennent mous, suppurent, se desséchent, & forment une croute noire qui tombe d'elle-même : cette maladie est ce qu'on appelle petite vérole.

Remede. Donnez à l'animal de l'orviétan ou de la thériaque gros comme une féve détrempée dans une cuillerée d'eau ; après quoi faites une espece de liqueur composée d'alun & de soufre dissous dans du fort vinaigre ; frottez-en l'animal, & continuez jusqu'à guérison. *L'Auteur de la Nouvelle Maison Rustique.*

Autre Remede. Parfumez deux fois par jour l'animal avec du vinaigre & de l'encens ; si la maladie est confluente & maligne, tirez-lui de la veine jugulaire deux onces de sang, & faites-lui boire une fois par jour de l'eau blanche un peu salée ; ne donnez pour nourriture qu'un peu de son humecté avec de l'eau saturée de sel marin ; si l'éruption est bénigne n'employez aucun remede.

M. *Carlier* dit que dans ce dernier cas, il faut faire tous les jours des fumigations de bayes de genievre & du vinaigre dans la bergerie ; ne pas laisser sortir en hiver les bêtes malades, & entretenir dans la bergerie un air tempéré, & les promener en été avant & après la chaleur, les nourrir à l'ordinaire & leur faire boire de l'eau blanchie avec de la farine d'orge ou de seigle, & leur déboucher les naseaux deux fois par jour ; si l'inflammation devient vive, réitérez la saignée & faites leur prendre deux fois par jour une dragme de nitre incorporé avec le miel ; abreuvez-les une fois le matin, une fois le soir avec le petit lait, ou le suc de laitue, ou l'eau blanche tenant en solution une dragme de nitre sur trois livres d'eau.

Si l'éruption tarde à paroître, donnez un bol composé de deux dragmes de racine de gentiane, une dragme de suie de cheminée & du miel ; le séton avec l'ellébore au poitrail est un avantage évident, & pratiqués à toutes les bêtes à laine un séton avec le fil de crin quelques saines qu'elles soient ; car si la matiere purulente qui s'écoule par le séton ne garantit pas les bêtes à laine du clavin, au moins elles ne seront pas exposées à un danger si évident. M. Vitet.

M. *Carlier* rapporte plusieurs reçettes que je ne détaille pas ici.

Autre maladie appellée Fievre ou Tremblement fébrile du pannicule charnu.

L'appétit diminue, la rumination est interrompue, le malade se tient couché, ne sort qu'avec peine, *le pannicule charnu est agité d'un tremblement plus ou moins fort* ; les oreilles, le bout du nez & les cuisses demeurent froides pendant vingt-quatre heures, ensuite tout le corps prend une chaleur médiocre, & souvent le tremblement subsiste jusqu'à la fin de la maladie, qui passe rarement le neuvieme jour.

Remede. Le son mouillé avec une petite quantité de sel marin, & le vin d'absinthe à la dose de demi-livre par jour, sont les moyens de dissiper cette espece de fievre : quelques bergers préférent de donner une livre d'infusion faite avec parties égales de feuilles d'absinthe & de rue.

Si la fievre venoit d'une excessive chaleur, saignez à la veine jugulaire; donnez-lui de l'eau blanche nitrée pour boisson, & une petite quantité de farine, jusqu'à ce que la bouche soit fraîche ; purgez une fois ou deux avec le petit lait : si malgré ces remedes le tremblement subsiste, donnez-lui quatre onces d'infusion d'absinthe le matin à jeun, jusqu'à ce que le tremblement soit dissipé. M. *Vitet.*

Autre maladie appellée Vers des Ongles.

Entre les ongles, il se rencontre quelquefois un petit trou de la grosseur d'une tête d'épingle; en frottant les ongles les uns contre les autres, vous en verrez sortir avec du pus une espece de vers.

Remede. Elargissez le trou, tirez le vers, versez-y de la teinture d'absinthe, & remplissez-le de suie de cheminée. M. *Hastfer.* M. *Vitet* dit de remplir la cavité d'onguent fait avec le miel & la suie de cheminée, & panser la plaie avec de la teinture de térébenthine jusqu'à guérison : cette méthode convient à toutes les bêtes à corne. M. *Carlier* dit qu'il a observé que ce trou est une

une espece de cautere naturel, qu'il faut bien prendre garde de diſſiper : lorſqu'il s'y engendre un ver, on le tue avec le poivre.

Autre maladie appellée Scorbut.

Voyez ci-devant au Chap. du Bœuf.

M. *Carlier* dit que c'eſt une humeur cauſtique qui ſe jette ſur les gencives ou à côté, ſans qu'il paroiſſe aucun bouton.

Remede. Blaſez les gencives avec une liqueur compoſée de vitriol, de couperoſe & d'alun, une once de chacun dans deux pintes d'eau : ſi le mal fait des progrès dans le fond de la bouche, faites avaler une cuillerée de cette potion.

Autre maladie appellée Maigreur par une eſpece de ver ſolitaire.

L'animal eſt triſte, tantôt dégoûté, tantôt d'une grande appétit ; il ſe tient ſouvent couché en rond ; quelquefois on voit ſortir de l'anus, après les matieres fécales, de petits morceaux de vers plats & blanchâtres ; la maigreur eſt conſidérable. Le bœuf, les chevau, la chevre & le porc, ne ſont point ſujets à cette maladie : les chiens y ſont plus ſujets que les moutons.

Remede. Le ſublimé corroſif, le mercure doux, le turbith minéral, mêlés avec la ſuie de cheminée ; l'huile dans lequel on a fait macérer de la coloquinte ſeule ou avec le sublimé corrosif, l'huile essentielle de lavande, sont les remedes estimés pour combattre cette espece de vers. M. *Vitet.*

L'Auteur de la Nouvelle Maison Rustique, observe que lorsque les bêtes à laine sont malades il faut les séparer, toutes leurs maladies étant presque contagieuses; & qu'alors il faut parfumer les bergeries, & donner aux bêtes saines du sel & un quart de soufre mêlés ensemble, pour les purger & les préserver de la contagion.

Des maladies des Agneaux.

On emploie les mêmes remedes qui viennent d'être détaillés, à l'exception de la fievre, qu'on leur guèrit en les séparant de la mere, & leur faisant boire de son lait mêlé avec autant d'eau de pluie s'il se peut.

Maladie appellée Gratelle.

Lorsque ces petits animaux mangent de l'herbe encore mouillée de rosée, la gratelle leur vient au menton.

Remede. Pour les en guèrir, prenez de l'hysope avec du sel broyés ensemble, & frottez-en le palais, la langue & tout le museau; ensuite lavez la gratelle avec du vinaigre, & frottez-la avec de la poix-résine fondue dans du sain-doux, ou avec du vieux oing & du verd-de-gris incorporés à froid. *L'Auteur de la Nouvelle Maison Rustique.*

CHAPITRE IV.

Des Boucs & Chevres, & de leurs maladies.

LA chevre a de sa nature plus de sentiment & de ressource que la brebis; elle vient à l'homme volontiers; elle se familiarise aisément; elle est sensible aux caresses & capable d'attachement; elle est aussi plus forte, plus légere, plus agile & moins timide que la brebis; elle est vive & capricieuse, lascive & vagabonde: l'inconstance de son naturel se marque par l'irrégularité de ses actions; elle marche, elle s'arrête, elle court, elle bondit, elle saute, s'approche, s'éloigne, se montre, se cache, ou fuit comme par caprice, sans autre cause déterminante que celle de la vivacité bizarre de son sentiment intérieur, & toute la souplesse des organes & tous les nerfs du corps suffisent à peine à la pétulence & à la rapidité de ses mouvemens, qui lui sont naturels. Ce n'est qu'avec peine qu'on la conduit & qu'on peut la réduire en troupeau; elle aime à s'écarter dans les solitudes, à grimper sur les lieux écartés, à se placer & même dormir sur la pointe des rochers; elle s'accouple avec ardeur, & produit de très-bonne heure; elle est robuste, aisée à nourrir, presque toutes les herbes lui sont bonnes, & il y en a peu qui l'incommodent; elle dort au soleil, & s'expose à ses rayons les plus vifs sans en être incommodée; elle ne s'effraye point des orages, ne s'impatiente point à la pluie; mais elle paroît très-sensible à la rigueur du froid.

Ces animaux, qui ne coûtent presque rien à nourrir, ne laissent pas de faire un produit assez considérable; on vend la chair, le suif, le poil & la peau; leur lait est plus sain & meilleur que celui de la brebis; les chevres se laissent téter aisément, même par les enfans, pour lesquels leur lait est une très-bonne nourriture.

Le bouc est un assez bel animal, très-vigoureux & très-chaud: un seul peut suffire à plus de cent cinquante chevres; mais au bout de quatre, cinq, six ans ces animaux sont énervés.

Il faut qu'il soit jeune & de bonne figure, âgé de deux ans, la taille grande, le cou court & charnu, la tête légere, les oreilles pendantes, les cuisses grosses, les jambes fermes, le poil noir, épais & doux, la barbe longue & bien garnie.

Il y a moins de choix à faire pour les chevres; seulement on peut observer que celles dont le corps est grand, la croupe large, les cuisses fournies, la démarche légere, le mamelles grosses, les pis longs, le poil doux & touffu, sont les meilleures, & ne doivent être livrées au bouc qu'à deux ans.

Elles portent cinq mois & mettent bas au commencement du sixieme: c'est depuis le mois de Septembre jusqu'à la fin de Novembre qu'elles sont en chaleur, & le deviennent en quelque saison que ce soit si elles approchent souvent du mâle; elles souffrent beaucoup quand elles chevrotent: c'est pourquoi il faut y veiller avant la délivrance.

Ne laissez jamais plus d'un chevreau à nourrir à la même chevre: elles allaitent leurs petits pendant un mois ou cinq semaines; le chevreau commence alors de paître.

On châtre tous les mâles à six mois ou un an, pour qu'ils deviennent plus forts & plus gras: on peut se dispenser de la litiere en été, mais il leur en faut l'hiver; & comme toute humidité les incommode beaucoup, on ne les laisse pas coucher sur leur fumier, & on leur donne souvent de la litiere fraîche: l'herbe chargée de rosée qui incommode les bêtes à laine, fait grand bien aux boucs & aux chevres: elles produisent jusqu'à sept ans.

La chevre & la brebis sont deux especes d'animaux dont l'organisation intérieure est presque entierement semblable; elles se nourrissent, croissent, & multiplient de la même maniere, & se ressemblent encore par le caractere des maladies, qui sont les mêmes, & auxquelles il faut apporter le même traitement. *L'Auteur de la Nouvelle Maison Rustique* dit, que néanmoins les chevres ont quatre autres maladies de plus, que je vais détailler d'après lui.

Maladie appellée Fievre Putride, ou Pestilentielle.

Elle fait en peu de tems beaucoup du dégât dans un troupeau ; les chevres qui en sont attaquées deviennent tout d'un coup languissantes & abattues, maigrissent & meurent en peu de tems : cette fievre leur vient presque toujours d'excès de nourriture, qui les charge de trop d'humeur, & met trop le sang en mouvement.

Remede. Séparez-les, saignez-les, mettez-les à la diete jusqu'à parfaite guèrison ; saignez aussi le reste du troupeau, & ne l'envoyez paître qu'une fois le jour pendant deux ou trois heures.

Autre maladie appellée Hydropisie.

Cette maladie vient aux chevres pour avoir trop bu de l'eau. Pour les en guèrir avant qu'elle soit formée.

Remede. Faites une ponction au-dessous de l'épaule, afin de faire écouler par-là tout l'amas d'eau qui leur enfle le ventre, & mettez sur la ponction un emplâtre fait de poix de Bourgogne & du sain-doux pour guèrir la plaie.

Voyez ci-devant au Chap. des Bêtes à Laine.

Autre maladie appellée Enflure.

Elle vient aux chevres lorsqu'elles ont

chevroté ; la matrice leur enfle souvent, ou à cause des grandes douleurs qu'elles ont souffert en chevrotant, ou parce que l'arriere-faix n'est pas bien venu, ce qui leur cause un grand désordre.

Remede. On leur fait avaler un verre de bon vin rouge, ou trois demi-septiers de vin doux cuit.

Autre maladie appellée Mal Sec, ou Des-séchement des mamelles.

Cette maladie leur vient des grandes chaleurs, & les mamelles deviennent tellement desséchées, qu'il n'y a plus la moindre goutte de lait.

Remede. Menez-les paître tous les jours à la rosée, & frottez les mamelles avec du lait bien gras, ou avec de la crême, ou bien tenez-les enfermées dans l'écurie, & nourrissez-les de feuilles de vigne ou d'herbes les plus tendres ; donnez-leur du son humecté, de l'eau blanche, des plantes tendres & récemment cueillies ; tenez-les chaudement ; exposez les mamelles plusieurs fois le jour aux vapeurs de l'eau chaude, & couvrez-les d'une peau de mouton non apprêtée.

M. *Vitet* dit, que pendant ce traitement il faut tenir la malade dans une écurie saine & propre, & à l'abri des courans d'air ; de la nourrir de plantes mucilagineuses, d'avoine, où vous ajouterez du sel commun.

Cette maladie est commune à la vache & à la brebis aussi : elle peut également être causée par le froid & les mauvaises qualités du lait; ordinairement elle est accompagnée d'une obstruction dans les conduits lactifères : alors il faut, avec une aiguille de bas trempée dans l'huile d'olive, sonder le conduit de chaque mamelon, faire des frictions légeres sur les mamelles avec du miel & du camphre, ou avec du beurre frais & de l'essence de térébenthine ; des cataplasmes avec la pulpe de racine de guimauve & celle d'oignon.

CHAPITRE V.

Des Cochons & de leurs Maladies.

DE tous les quadrupèdes, le cochon paroît être l'animal le plus brut; toutes ses habitudes sont grossieres, tous ses goûts sont immondes, toutes ses sensations se réduisent à une luxure furieuse & à une gourmandise brutale, qui lui fait dévorer indistinctement tout ce qui se présente, & même sa progéniture au moment qu'elle vient de naître.

Sa voracité dépend du besoin continuel qu'il a de remplir la grande capacité de son estomac ; & la grossièreté de ses appétits, de l'hébétation du sens, du goût & du toucher.

La rudesse du poil, la dureté de la peau,

l'épaisseur de la graisse, rendent ces animaux peu sensibles aux coups. M. de Buffon rapporte que l'on a vû des souris se loger sur leur dos, & leur manger le lard & la peau sans qu'ils parussent le sentir ; ils ont donc le toucher fort obtus, & le goût aussi grossier que le toucher ; leurs autres sens sont bons.

Cette imperfection dans les sens du goût & du toucher, est encore augmentée par une maladie qui les rend ladres ; c'est-à-dire, presque entierement insensibles, & qui vient de leur mal-propreté naturelle, & de la corruption qui doit résulter des nourritures infectes dont ils se remplissent.

Personne n'ignore les profits qu'on tire des cochons ; leur chair se vend bien ; le lard encore mieux ; le sang, les boyaux, les visceres, les pieds, la langue se préparent & se mangent ; le fumier du cochon est plus froid que celui des autres animaux, & on ne doit s'en servir que pour les terres trop chaudes & trop séches ; la graisse des intestins & de l'épiploon, qui est différente du lard, fait le sain-doux & le vieux oing ; la peau a ses usages, on en fait des cribles, comme l'on fait aussi des vergettes, des brosses, des pinceaux avec les soies ; la chair de cet animal prend mieux le sel, le salpêtre, & se conserve salée plus long-tems qu'aucune autre.

Le mâle qu'on choisit pour propager l'espece, doit avoir le corps court, ramassé & plutôt carré que long ; la tête grosse, le grouin court & camus, les oreilles grandes &

pendantes, les yeux petits & ardens, le cou grand & épais, le ventre avalé, les fesses larges, les jambes courtes & grosses, les foies épaisses & noires: les blancs ne sont jamais aussi forts que les noirs.

La truie doit avoir le corps long, le ventre ample & large, les mamelles longues: il faut aussi qu'elle soit d'un naturel tranquille & d'une race féconde.

Lorsqu'elle est pleine, on la sépare du mâle; dès qu'elle a mis bas, on la nourrit largement; on la veille pour l'empêcher de dévorer quelques-uns de ses petits.

Il ne faut pas souffrir que la truie allaite ses petits pendant plus de deux mois; on commence même au bout de trois semaines à les mener aux champs avec la mere, pour les accoutumer peu-à-peu à se nourrir comme elle; on les sèvre cinq semaines après, & on leur donne soir & matin du petit lait mêlé de son; ou seulement de l'eau tiéde avec des légumes bouillis.

La truie est en chaleur presque en tout tems; elle porte quatre mois, met bas au commencement du cinquième, & bientôt elle recherche le mâle, devient pleine une seconde fois; & produit par conséquent deux fois l'an.

On éleve les cochons dans toutes sortes de terrains, soit dans les terres labourables, en friche, montagnes ou valons, marais & prés, bois & lieux fangeux.

En automne & hiver, on les mene dans les forêts, où les fruits sauvages sont abondans.

L'été on les conduit dans les lieux humides & marécageux : au printems on les laisse aller dans les terres en friche & dans les champs ; on doit les laisser sortir deux fois par jour, depuis le mois de Mars jusqu'au mois d'Octobre, le matin quand la rosée est passée jusqu'à dix heures, & depuis deux heures après midi jusqu'au soir.

En hiver on ne les mene qu'une fois par jour, dans le beau tems ; la rosée, la neige ou la pluie leur sont très-contraires : il ne faut jamais les laisser souffrir de soif ; outre la pâture, il faut encore leur donner quelque chose au retour des champs ; quand la pâture est rare ou trop nouvelle, il faut leur donner du grain de tems en tems ; ceux qui ont été nourris de grains, sont meilleurs que ceux qui ont été nourris de glands, de même que ceux-ci valent mieux que ceux qui ont été nourris de son ou de farine.

C'est au printems & en automne qu'il faut châtrer les cochons ; & cette opération se doit faire à l'âge de six mois : on les engraisse prodigieusement, en leur donnant de l'orge & de l'eau de son.

Maladie appellée Lépre ou Ladrerie.

Les langayeurs connoissent cette maladie à la langue, au palais & à la gorge, qui sont chargés de graines ou de petites pustules, qui gagnent dans la suite la tête, le cou & tout le corps de l'animal. Il arrive quelquefois que ces animaux n'ont point de graines à la langue, & que cette maladie ne se connoît qu'après avoir tué l'animal & l'avoir mis en morceaux : cette maladie est très-difficile à guérir, & lorsqu'elle est parvenue au dernier degré d'accroissement, elle est incurable.

Remede. Tenez le porc dans un endroit pavé, propre & bien aëré ; étrillez-le deux fois par jour ; faites-le baigner tous les jours dans une eau courante & pure ; ramenez-le ensuite à l'écurie, après l'avoir bouchonné au sortir de l'eau ; changez-lui quatre fois par jour de litiere ; faites-le promener une heure le matin, autant le soir ; ne lui permettez de ne manger que du grain de froment ou d'avoine, & du son humecté d'eau aiguisée de nitre, à une dose modérée & dans des tems réglés.

Prenez ensuite trois onces de fleur de soufre, une livre de son ; mêlez exactement & humectez le mélange avec de l'eau simple ou aiguisée de sel marin ; réitérez cette dose de fleur de soufre pendant un mois ; parfumez matin & soir le malade avec les vapeurs de deux parties de soufre & une d'encens ; donnez-lui tous les jours avec le grain de froment, la racine de patience, pulvérisée à la dose de quatre onces. M. *Vitet.* Ce remede est préférable à tous ceux qui ont été indiqués jusqu'aujourd'hui.

Autre maladie appellée Enflure.

Dans la saison des fruits, les cochons en mangent souvent de pourris en si grande quantité, qu'ils en deviennent enflés; & cette enflure deviendroit dangereuse, si on n'y remédioit.

Remede. Faites-leur boire une décoction de choux rouges, ou bien mêlez ces choux avec leur nourriture, ou nourrissez-les simplement de feuilles de mûrier bouillies dans l'eau; tout cela dissipe l'enflure en peu de tems. *L'Auteur de la Nouvelle Maison Rustique.*

Autre maladie appellée Vomissement.

La gourmandise rend les porcs sujets à cette maladie.

Remede. Ratissez de l'yvraie; mêlez les ratissures avec du sel bien sec & de la farine de féves, & donnez le tout au cochon avant qu'il aille aux champs. *Le même.*

Autre maladie appellée Indigestion, Dégoût.

Les mauvaises herbes, la dureté ou la crudité de leur nourriture leur causent cette maladie.

Remede. Mettez l'animal à la diete pendant vingt-quatre heures; donnez-lui ensuite beaucoup d'eau tiede, dans laquelle vous aurez laissé infuser pendant quinze ou vingt heures, de la graine ou de la racine de concombres bien pilées. *Le même.*

Autre maladie appellée Douleur de Rate.

Les douleurs de rate attaquent les cochons lorsqu'ils ont trop mangé de fruits pendant les grandes chaleurs.

Remede. Faites-leur boire de l'eau où l'on aura laissé macérer du bois de romarin; il a la vertu de dissiper les crudités & les enflures intérieures. *Le même.*

Autre maladie appellée Gourme.

On apperçoit dans le commencement de la maladie des boutons circonscrits, durs & enflammés, qui attaquent ordinairement les cuisses & les jambes des jeunes porcs, & qui se terminent par la suppuration.

Remede. La plupart des paysans se contentent d'ouvrir les boutons avec un instrument aigu; l'ulcere se déterge, & la cicatrice se fait d'elle-même au bout d'un certain tems, sans qu'il en résulte aucun accident.

M. *Vitet* dit, que le malade, jusqu'à la suppuration des boutons, ne doit manger que du son mouillé où l'on aura mêlé du foie d'antimoine, à la dose de deux dragmes par jour; & dès que les boutons sont abcédés, ouvrez-les avec le bistouri, ensuite lavez-les deux fois par jour avec du vin saturé de sel commun.

Autre maladie appellée Enflure des glandes du cou.

L'animal est triste, perd l'appétit, respire difficilement, prend le cou très-gros, éprouve une chaleur considérable, s'agite, se couche, se leve, & quelquefois meurt le troisieme ou le cinquieme jour; quelquefois cette maladie devient épidémique.

Remede. Séparez-le sur le champ du troupeau; donnez-lui pour seule nourriture un peu de son mouillé avec de l'eau saturée de nitre; pour breuvage, chopine d'infusion de racine de gentiane, tenant en solution deux dragmes de crême de tartre; parfumez plusieurs fois le jour le malade avec le mélange d'eau-de-vie & de vinaigre; enveloppez le cou, après chaque parfum, d'une peau de mouton; réitérez les lavemens composés de chopine d'infusion de feuilles d'absinthe, tenant en solution une once de sel d'Epson ou de Glauber; parfumez l'écurie avec le soufre & l'encens, & placez un séton avec l'ellébore à la partie inférieure du poitrail.

S'il n'y avoit aucune espérance de résolution, faites des cataplasmes avec le levain ou avec la pulpe d'oignon de lys : n'ouvrez point l'abcès que l'inflammation & les duretés ne soient considérablement diminuées; que l'ouverture soit relative à la grandeur de l'abcès, & le traitement de l'ulcere à la qualité du pus & à l'état de la tumeur. M. *Vitet.*

Autre madalie appellée Léthargie.

On connoît cette maladie lorsqu'on mene paître ces animaux, qu'ils tombent au milieu des champs & s'endorment au soleil.

Remede. Il faut les mettre à la diete pendant vingt-quatre heures, ensuite on leur fait boire de l'eau où l'on a fait macérer des racines de concombre sauvage broyées ; après quoi il leur prend un vomissement qui les guérit ; ensuite on les nourrit de poids chiches ou de féves arrosés de saumure, puis on leur fait boire de l'eau chaude, où l'on mêle deux poignées de son. *L'Auteur de la Nouvelle Maison Rustique.*

Autre maladie appellée Gale.

Voyez aux Chap. ci-devant.

Autre maladie appellée Fiévre.

On juge que le cochon a la fiévre, lorsqu'il baisse la tête, qu'il la porte de travers, qu'il court les champs, ensuite s'arrête tout court & tombe étourdi.

Remede. Il faut faire attention de quel côté il tourne la tête, & on le saigne à l'oreille opposée, ou en-dessous de la queue à deux doigts des fesses ; ne lui donnez que des alimens rafraîchissans, de l'eau tiede mêlée de deux livres de farine d'orge.

CHAPITRE VI.

De la Volaille & de ses Maladies.

ON éleve à la campagne des poules, des dindons, des oies, des canards, des paons, &c.

Le coq, cet oiseau domestique le plus commun de tous, a beaucoup de soin & même d'inquiétude & de souci pour ses poules; il ne les perd guère de vue; il les conduit, les défend, les mene; va chercher celles qui s'écartent, les ramene, & ne se livre au plaisir de manger, que lorsqu'il les voit toutes manger autour de lui: quand il les perd, il donne des signes de regret; il est aussi jaloux qu'amoureux; il n'en maltraite aucune; sa jalousie ne l'irrite que contre ses concurrens; ses désirs ne sont pas moins impétueux que ses besoins paroissent être fréquens; il a une poule favorite qu'il cherche de préférence, & à laquelle il revient presqu'aussi souvent qu'il va vers les autres.

Les poules doivent être assorties au coq si on veut avoir une race pure; mais si l'on cherche à varier & même à perfectionner l'espèce, il faut croiser les races.

La chair de cette espèce de volaille engraissée, est excellente pour la nourriture de l'homme.

La race des dindons nous est venue des

Indes; elle eſt d'un grand profit, parce qu'elle multiplie beaucoup, aiſément, & ſouvent. La chair de ces animaux eſt fort nourriſſante, de bon ſuc, & facile à digérer; cette race de volaille eſt vorace, paillarde & difficile à élever.

Les oies ſont fort gourmandes, & cauſent beaucoup de dégâts; mais auſſi leurs plumes, leur chair, leur graiſſe & leurs œufs, dont elles font par an trois pontes très-abondantes, portent beaucoup de profit. On prétend qu'elles ſont aſſez vigilantes pour ſervir de ſûre garde la nuit, parce qu'au moindre bruit elles ſe réveillent, & jettent de grands cris qui avertiſſent.

Les canards ſe plaiſent plus ſur l'eau que ſur la terre, c'eſt pourquoi où l'eau n'eſt pas commune, il eſt preſque inutile d'y en élever: outre que leurs plumes & leur chair ſont très-utiles, ils purgent les écuries, les baſſes-cours & les avenues de la maiſon, de toutes ſortes d'inſectes & des bêtes vénimeuſes.

Le paon paſſe pour le plus beau des oiſeaux; il n'eſt eſtimé que pour ſa beauté; ſa chair eſt difficile à digérer, & veut être mortifiée; elle eſt aſſez agréable au goût: celle du paoneau eſt recherchée; ces oiſeaux ſont goulus, d'un grand entretien, & font du dégât ſur les toits & dans les jardins.

On nourrit les paons de même que la volaille: le mâle eſt fort laſcif; il caſſe les œufs de la femelle qu'il a ſaillie pour jouir plus ſouvent d'elle.

Tous ces animaux & autres qui forment la basse-cour, méritent que nous portions nos vues sur leur conservation.

Il faut observer que tous les animaux granivores, sont sujets aux maladies dont nous allons parler.

Maladie appellée la Pépie.

On connoît cette maladie, lorsque ces animaux ne veulent ni boire ni manger, qu'ils commencent à baisser les aîles, ou qu'ils ne les serrent pas exactement contre leur corps, & ont à la langue un certain cartilage blanchâtre.

Remede. Il faut leur ouvrir le bec, & avec une aiguille ou une épingle, leur enlever le cartilage & leur laver le bec & la langue avec du vinaigre un peu chaud; leur donner à boire de l'eau claire, où l'on mettra tremper de la graine de melon, de concombre ou du jus de poirée, & les nourrir avec de l'orge & du son détrempé.

Autre Remede. Il faut examiner la tête de l'animal avec attention; on y trouvera deux ou trois poux, plus ou moins, qui sont bruns & très-petits d'abord, mais qui dans fort peu de jours parviennent à ronger tellement la tête, qu'ils s'arrondissent & sont aussi gros que la graine de choux : cet insecte est la véritable & unique cause de la pépie. Pour le tuer, il ne faut que laisser tomber une goutte d'huile de baleine sur la tête, & frotter un peu pour l'étendre;

les poux creveront dans l'inſtant, & l'animal n'aura jamais ni poux ni pépie. Ce remede eſt infaillible quand l'animal feroit à l'extrêmité.

Autre maladie appellée Mal aux Yeux.

Cette maladie provient du grand froid, du grand chaud, ou d'une trop grande replétion de cerveau.

Remede. Il faut traverſer les naſeaux de l'animal d'une plume, & lui laver les yeux avec du jus de pourpier ſauvage, mêlé avec du lait de femme; & s'il y avoit quelque tumeur, en faire ſortir la matiere, & mettre ſur la plaie un peu de ſel broyé.

Autre maladie appellée Flux de Ventre.

Cette maladie provient de ce que ces animaux mangent de l'herbe ou des choſes qui lâchent trop.

Remede. Il faut leur donner pendant deux ou trois jours des jaunes d'œufs durcis, hachés & mêlés avec du chenevi bien pilé, le tout détrempé dans du vin, dont on fait des petites pilules, qu'on leur donne avant toute autre nourriture.

Autre maladie appellée Pareſſe de Ventre.

Cette maladie, contraire à la précédente, arrive principalement aux jeunes animaux.

Remede. Il faut d'abord leur ôter les plumes du croupion & des entrecuisses : pour leur faciliter l'évacuation, on prend des bettes ou des laitues qu'on hache bien menu, & qu'on mêle avec de la farine de seigle, du son & de l'eau, dans laquelle on aura mis un peu du miel.

Autre maladie appellée Vermine.

Les poux & les puces incommodent beaucoup ces animaux, & les empêchent de profiter.

Remede. Il faut les oindre de beurre & d'huile, & les tenir fraîchement & proprement; ou les laver dans l'eau où l'on a fait bouillir du cumin; ou faire brûler du soufre, & en parfumer l'endroit où les volailles dorment.

Autre maladie appellée Faim Vorace.

Quelquefois ces animaux sont si affamés, qu'ils cassent leurs œufs & les mangent : dès qu'on s'apperçoit de cette avidité extraordinaire, il faut faire le remede suivant.

Remede. Prenez un œuf, ôtez-en le blanc, & mêlez dans le jaune du plâtre détrempé, ensorte que cela devienne dur comme une pierre; lorsque ces animaux affamés voudront, comme à l'ordinaire, se jetter sur cet œuf pour l'avaler, trouvant beaucoup de résistance, ils s'ennuyeront & perdront leur mauvaise habitude; & pour leur faire passer leur voracité, il faut mêler du raisin sauvage dans la mangeaille, qu'on leur donnera à doses raisonnables.

Autre maladie appellée Gale.

On connoît que ces animaux ont la gale, lorsque les plumes de la partie où elle s'est jettée tombent.

Remede. Il faut leur faire manger des bettes & des choux, qu'on hache bien menu, qu'on mêle avec du son, le tout détrempé dans un peu d'eau ; après quoi on prendra du vin dans la bouche dont on les arrose, & on les fait aussitôt sécher au soleil ou au feu : ce soin doit durer jusqu'à ce qu'ils soient guèris.

Autre maladie appellée Goutte.

On croit que le froid leur cause souvent cette maladie.

Remede. Il faut leur engraisser les pieds & les jambes avec du beurre frais ou de graisse de poule ; & pour les en préserver, il faut faire ensorte que ces animaux ne couchent jamais dehors, & que le poulailler soit assez chaud & parfumé souvent.

Autre maladie appellée Abcès.

On soupçonne cette maladie à ces animaux, quand ils sont tristes & mélancoliques.

Remede. Il faut leur regarder le croupion où se forme cet abcès, le fendre avec des ciseaux & le presser avec le doigt ; ensuite leur donner des laitues ou bettes hachées, mêlées avec du son détrempé dans l'eau.

Autre maladie appellée Mue.

Cette maladie rend ces animaux tristes, mélancoliques ; ils ne mangent point, hérissent leurs plumes, sécouent celles du ventre d'un côté & d'autre, & les tirent avec leur bec en se grattant la peau, & souvent ils en meurent.

Remede. Il faut d'abord les empêcher de se lever matin, & de se coucher trop tard ; pendant le jour il faut leur faire prendre le soleil le plus qu'on pourra ; ensuite on prendra du vin, qu'on laissera tiédir dans la bouche & qu'on jettera sur leurs plumes ; ensuite on leur donnera un peu du sucre dans leur eau, & on les nourrira avec du millet ou du chenevis.

Autre maladie appellée Mélancolie.

Elle provient d'une nourriture qui les a trop échauffés : cette maladie se connoît lorsque ces animaux se hérissent, qu'ils ont le jabot plus gros que de coutume, qu'il y paroît de veines rouges, & qu'ils jettent leur nourriture en la becquetant.

Remede. Il faut les nourrir avec de l'orge, & un jour & l'autre non leur donner des laitues & de la poirée bien hachée, avec du son détrempé dans l'eau où l'on aura mis fondre un morceau de sucre.

CHAPITRE VII.

Etat des Médicamens convenables aux Animaux quadrupedes.

Purgatifs végétaux.

LA manne, le séné & l'aloès.

Purgatifs minéraux.

Préparations antimoniales, le sel mercuriel purgatif.

Médicamens urinaires.

La patience, le persil, la térébenthine, l'alcali fixe, le nitre, le sel marin, les eaux minérales.

Médicamens transpiratoires.

L'angélique, la fourmi, l'alcali volatil, la suie de cheminée.

Médicamens masticatoires.

La pyrethre, l'assa-fœtida.

Médicamens Détersifs.

Le tabac, pour les naseaux; le soufre, pour les poulmons; les feuilles de noyer & l'absinthe, pour les plaies purulentes; la chélidoine, la chaux & les préparations cuivreuses.

Médicamens astringens, vulnéraires, absorbans, cicatrisans, &c.

La sanicle, l'ipécacuanha, le quinquina, l'amadou, les terres argileuses, les

terres

terres calcaires, l'alun & les préparations ferrugineuses.

Médicamens aromatiques.

La camomille, la sauge, la rue, le laurier, le genievre, la gentiane, la gomme ammoniac, l'encens, le camphre, le vin, l'eau-de-vie, l'esprit de vin.

Médicamens inflammatoires.

Les scarabées, les mouches cantharides.

Médicamens caustiques.

L'arsénic, la pierre à cautere, la pierre infernale.

Médicamens rafraîchissans, repercussifs, astringens.

L'oseille, la crême de tartre, le vinaigre, les préparations de plomb, l'esprit de sel, l'acide nitreux, l'acide vitriolique.

Médicamens mucilagineux, tempérans, adoucissans, relâchans, émolliens, muqueux, aqueux & huileux.

La laitue, les pommes, le lait, l'eau, la guimauve, l'orge, l'avoine, le froment, la réglisse, le miel, l'huile d'amande, l'huile d'olive, la graisse, les œufs de poule.

Maniere d'administrer les remedes dont on vient de parler.

Purgatif avec la manne.

C'est le purgatif le plus doux: il convient dans les maladies où il y a de chaleur.

La manne, diffoute dans fuffifante quantité d'eau, fe donne en breuvage & en lavement au bœuf, depuis demi-livre jufqu'à une livre ; au cheval, depuis demi-livre jufqu'à une livre & demi; au mouton en breuvage, depuis quatre onces jufqu'à demi-livre.

M. *Vitet* obferve que ce remede ne produit aucun effet fur la brebis.

Purgatif avec le féné.

Prenez des feuilles de féné deux onces, verfez deux livres d'eau bouillante deffus ; laiffez macérer ce mélange pendant deux heures ; paffez, exprimez & donnez la colature au bœuf & au cheval, en y ajoutant une infufion de racine de gentiane à la dofe de demi-once, ou de fel d'Epfon à la dofe d'une once, ou la crême de tartre à la dofe d'une dragme.

Les feuilles de féné en infufion, purgent la brebis, depuis une once jufqu'à une once & demi.

Plufieurs fubftituent aux feuilles de féné, la racine de brionne fraîche, donnée par tranche jufqu'à la dofe de deux ou trois onces; elle purge bien, excite l'appétit, & met l'animal dans le cas de fe promptement engraiffer.

Le féné eft un purgatif rarement utile. M. *Vitet.*

Purgatif avec l'aloès.

Prenez d'aloès pulvérifé deux onces, deux jaunes d'œuf mêlés exactement ; ajoutez peu-à-peu deux livres & demi d'eau blanche; donnez sur le champ ce mélange au bœuf ou au cheval, en breuvage ou en lavement.

L'aloès est le purgatif le plus efficace; il augmente les forces de l'estomac & des intestins, facilite l'expulsion des vers, ranime les forces vitales, augmente l'appétit. On ne doit point s'en servir dans les maladies inflammatoires, ni lorsque l'animal est échauffé. M. *Vitet*.

Purgatifs minéraux.

Purgatifs avec la régule d'antimoine.

Renfermez dans une bouteille de verre, une partie de limaille de régule d'antimoine, & quatre parties de bon vin; au bout d'un mois, passez ce mélange, dont vous vous servirez au besoin pour le bœuf, le cheval & la brebis: la dose de ce remede varie suivant la qualité du vin, le plus ou le moins qu'il contient d'acide.

Ce remede donné à haute dose, purge sans exciter des coliques, augmente l'appétit, & diminue les humeurs qui se portent vers les tégumens. M. *Vitet*.

Purgatif avec le kermès minéral.

On peut administrer le kermès minéral en bol ou en breuvage, depuis deux dragmes jusqu'à une once au cheval & au bœuf, & depuis une dragme jusqu'à demi-once à la brebis & au porc, en bol avec du miel, ou délayé dans l'eau blanche.

Il facilite l'expectoration, & augmente un peu l'insensible transpiration. M. *Vitet.*

Purgatif avec le foie d'antimoine, ou crocus metallorum.

On donne au cheval, au bœuf, au porc, le foie d'antimoine porphirisé & mêlé avec du son ou de l'avoine, depuis trois dragmes jusqu'à deux onces, & à la brebis, avec du sel & un peu de farine, depuis une dragme jusqu'à demi-once.

Ce remede n'est point vermifuge, n'excite les sueurs que pris à haute dose, & tourmente l'animal, ne détruit point la ladrerie, affoiblit les forces, irrite les intestins & purge rarement. M. *Vitet.*

Purgatif avec le turbith minéral.

On l'administre depuis deux dragmes jusqu'à demi-once. On doit s'abstenir de ce purgatif. M. *Vitet.*

Purgatif avec le mercure doux, ou l'aquila alba.

Mettez dans une bouteille deux jaunes d'œuf & une chopine d'eau blanche; versez dessus du mercure doux, depuis une dragme & demi jusqu'à trois dragmes; agitez le tout, & administrez sur le champ ce mélange.

Idem.

Purgatif avec la panacée mercurielle.

On peut l'administrer de la même maniere que le mercure doux, depuis deux dragmes jusqu'à une once pour purger, &

comme altérant dans les maladies vermineuses, depuis demi-dragme jusqu'à une dragme, avec deux ou trois onces de miel.
Idem.

Maniere d'administrer les Médicamens urinaires.

Prenez de racine de patience demi-livre, d'eau six livres; faites infuser pendant quatre heures; passez, ajoutez de miel deux onces; donnez au bœuf ou au cheval ce breuvage, que vous pouvez réitérer deux fois par jour: la dose est depuis demi-livre jusqu'à une livre.

Elle augmente légérement le cours des urines, & aide à l'action des remedes pour détruire la gale. M. *Vitet.*

Donnez au bœuf & au cheval, depuis quatre onces jusqu'à une livre, sur six livres d'eau d'infusion de racine de persil, & à la brebis depuis demi livre jusqu'à une livre & demi.

Ce remede ne convient point aux animaux qui allaittent. M. *Vitet.*

Prenez de la térébenthine une once, trois jaunes d'œufs; ajoutez d'eau blanche ou d'eau miellée demi-livre; mêlez exactement, & donnez sur le champ au bœuf ou au cheval, depuis demi-once jusqu'à deux onces; à la brebis, depuis deux dragmes jusqu'à une once.

Echauffe, augmente les urines, favorise la détersion des ulceres internes. M. *Vitet.*

Donnez le savon sous forme de bol au cheval & au bœuf, depuis une once jusqu'à quatre onces, & à la brebis, depuis demi-once jusqu'à deux onces ; ou bien donnez-le en solution dans trois ou quatre livres d'eau miellée.

Bon urinaire, rétablit les brebis dont on soupçonne le foie altéré depuis peu de tems. M. *Vitet*.

Faites dissoudre du nitre dans l'eau miellée, depuis demi-once jusqu'à deux onces pour le cheval, le bœuf & la brebis.

Ce remede est excellent dans les épidémies, surtout quand on a soin de le combiner avec le camphre. M. *Vitet*.

Donnez du sel marin ou sel commun pulvérisé avec du son ou de l'avoine, ou en solution dans de l'eau blanche ; au bœuf & au cheval, depuis deux onces jusqu'à quatre ; & à la brebis, depuis une once jusqu'à trois.

Il faut refuser ce remede dans toutes les maladies où il y a tendance vers la fermentation putride. M. *Vitet*.

On est dans l'usage de prescrire les eaux minérales en breuvage, en lavement, en vapeurs, en douche & en bains : les ferrugineuses sont indiquées dans les maladies de foiblesse ; les alcalines augmentent les urines & remédient aux maladies du foie ; les sulphureuses conviennent dans les maladies de poitrine, &c.

Maniere d'administrer les Médicamens transpiratoires.

Prenez de racine d'angélique concassée trois onces, d'eau bouillante deux livres & demi ; laissez macérer ce mélange sur les cendres chaudes pendant douze heures ; passez, & donnez la colature au bœuf ou au cheval.

Vous pouvez la donner en infusion depuis deux onces jusqu'à quatre au bœuf & à la brebis.

Ce remede excite une sueur douce & peu abondante. M. *Vitet.*

Prenez des fourmis une poignée ; triturez ; ajoutez peu à peu d'eau ou d'infusion de racine d'angélique une livre & demi ; exposez ce mélange à l'action du bain-marie pendant une heure ; donnez ce remede le matin à jeun au cheval, à la brebis ou au bœuf.

Ce remede échauffe, augmente le mouvement des arteres, donne de la vigueur, excite le cours des urines, & plus souvent la sueur. M. *Vitet.*

Prenez alcali volatil depuis deux dragmes jusqu'à une once sur deux livres d'eau miellée avec d'eau blanche ou d'infusion de racine d'angélique, & donnez-la en breuvage au bœuf & au cheval ; & pour la brebis, depuis une dragme jusqu'à deux sur une livre d'eau, plus ou moins, saturée de sel marin.

Facilite l'expectoration, échauffe, ranime les forces vitales, augmente la transpiration insensible. M. *Vitet*.

Prenez de la suie de cheminée ; donnez-en au bœuf & au cheval depuis une once jusqu'à quatre onces, & à la brebis depuis demi-once jusqu'à deux onces.

Excite l'appétit, détruit les vers blancs & grêles, échauffe, arrête la diarrhée, ranime les forces vitales, favorise les éruptions cutanées, fait suer l'animal quand on la mêle avec le camphre. M. *Vitet*.

Maniere d'administrer les Médicamens masticatoires.

Pulvérisez de la racine de pyrethre ; enveloppez-la dans une toile forte & serrée, & mettez ce petit sac ou masticadour dans la bouche du bœuf ou du cheval.

Excite une chaleur des plus vives, & un flux abondant de salive. M. *Vitet*.

Employez l'assa-fœtida avec la même méthode : réveille l'appétit, fait rendre quantité de salive, & cause moins de chaleur que la racine de pyrethre. M. *Vitet*.

Maniere d'administrer les Médicamens détersifs.

Les feuilles de tabac pulvérisées & soufflées dans les naseaux, font évacuer beaucoup de mucus & ébrouer l'animal.

La vapeur du tabac desséché & brûlé, introduit dans les naseaux avec un entonnoir, est très-bonne; cette fumigation ne doit durer que cinq ou six minutes; on peut la réitérer huit ou dix fois par jour.

Incite l'animal à expectorer avec force les matieres contenues dans les bronches, & chasse l'humeur qui revêt la membrane pituitaire. M. *Vitet.*

Prenez, pour le bœuf & le cheval, de fleur de soufre, depuis une once jusqu'à deux, mêlé avec du son & de l'avoine; & pour la brebis, depuis demi-once jusqu'à une once & demi par jour, mêlé avec le son & du sel marin; vous pouvez réitérer le soir pour le bœuf & le cheval.

Ce remede combat la toux invétérée, les éruptions cutanées, & facilite l'expulsion de l'humeur bronchique. M. *Vitet.*

Prenez deux parties de suc exprimé de feuilles récentes de noyer, & une partie de miel; faites évaporer ce mélange au bain-marie jusqu'à consistance de miel; conservez cette espece d'onguent, préférable dans une multitude de cas, à l'onguent suppuratif; vous pouvez y ajouter quelques gouttes d'eau-de-vie, si les qualités de l'ulcere le requierent.

Injectez le suc de feuilles de noyer dans les ulceres sinueux & fistuleux.

Frottez le cheval ou le bœuf avec des feuilles de noyer récentes & légérement froissées, vous le garantirez de la piqûre des mouches.

Cette méthode déterge les ulceres fétides, défend les ulceres, les plaies & les excoriations de la peau, & convient aux ulceres dont le pus est verdâtre ou sanieux, & dont les chairs commencent à devenir louables. M. *Vitet.*

Le suc exprimé de feuilles d'absinthe, ou l'infusion de feuilles d'absinthe, destinés pour déterger un ulcere, demandent du miel lorsque les parois de l'ulcere sont sensibles ; mais quand le pus est fétide & que l'ulcere est vermineux, il faut l'employer seul.

Ce remede borne les progrès de la gangrene & déterge les ulceres fétides.

Employez les feuilles de chélidoine en cataplasme, ou tirez-en par expression le suc, que vous prescrirez en injection ou en lotion. Lorsque les parois de l'ulcere sont douées d'une grande sensibilité, ajoutez-y plus ou moins de miel : la dose en infusion est, pour le cheval, depuis deux onces jusqu'à quatre onces sur trois livres d'eau ; en poudre incorporée avec du miel, depuis une once jusqu'à deux ; pour les brebis, depuis demi-once jusqu'à une once, en y ajoutant une quatrieme partie de sel marin.

Déterge les ulceres sinueux du garrot, de la tête, &c. mondifie les ulceres fétides des tégumens ; mêlé avec du miel, il nettoie les ulceres des paupieres, des yeux & des oreilles. M. *Vitet.*

Prenez de l'eau de chaux seconde, introduisez-la dans les ulceres sinueux ou fistuleux étant adoucie avec du miel ; ensuite passez à l'usage de l'eau de chaux premiere, si l'eau de chaux seconde n'a produit aucun effet.

La dose de l'eau de chaux premiere administrée en breuvage, est pour le bœuf & le cheval, depuis demi-livre jusqu'à une livre le matin à jeun, autant le soir ; la prudence exige de commencer le traitement interne ou externe des ulceres, avec de l'eau de chaux seconde.

Ce remede augmente la quantité des urines, facilite l'expectoration des matieres contenues dans les bronches, & déterge les ulceres du poumon & des autres parties du corps. M. *Vitet*.

Prenez de verdet sec & réduit en poudre subtile demi-livre, deux livres & demi de miel, de vinaigre bien fort huit onces ; mettez ce mélange dans une bassine de cuivre, que vous exposerez au moyen degré de chaleur de l'eau bouillante ; remuez continuellement ce mélange jusqu'à ce qu'il ait acquis la consistance de miel, *& vous aurez l'onguent égyptiac*.

Est un détersif généralement estimé. M. *Vitet*.

Mettez du sel vitriolique dans l'eau seule ou miellée, dont vous laverez les parties affectées de légeres inflammations ; réduisez-le en poudre, dont vous formerez avec l'étoupe cardée une espece de bouton, que vous appliquerez sur l'ouverture de l'artere, & que vous soutiendrez avec un fort bandage ; vous en toucherez deux ou trois fois par jour les ulceres de la bouche

& les chairs trop éminentes des ulceres.

Il suffit de toucher de la pierre infernale les chairs fongueuses pour les consumer ; elles blanchissent sur le champ, ensuite elles se changent en un escarre noirâtre, que la nature ne tarde pas à séparer du vif. Vous pouvez substituer à la pierre infernale, un bouton de vitriol bleu.

Resserre puissamment le diametre des vaisseaux, suspend les hémorragies, & déterge les ulceres, &c. M. *Vitet*.

Maniere d'administrer les Médicamens astringens, vulnéraires, absorbans, cicatrisans, &c.

Prenez deux poignées de feuille de sanicle, d'eau bouillante une livre & demi ; faites macérer pendant une heure ; passez, édulcorez la colature avec du miel, vous aurez une infusion qu'on peut donner trois fois par jour au cheval & au bœuf ; cette même infusion peut servir à laver les yeux & les paupieres enflammées ; les tuniques internes du nez & de l'oreille légérement ulcérés.

Ce remede consolide & dissipe l'inflammation donné en breuvage, est excellent pour les ulceres commençans de la poitrine & des intestins. M. *Vitet*.

L'Ipécacuanha pulvérisé & incorporé avec du miel, s'ordonne pour le bœuf & le cheval depuis une dragme jusqu'à une once, pour la brebis depuis une dragme jusqu'à demi-once.

La dose de la racine d'ipécacuanha concassée & infusée dans une livre d'eau, est depuis deux dragmes jusqu'à une once & demi pour le bœuf & le cheval, & depuis une dragme & demi jusqu'à demi-once pour la brebis.

Ce remede calme la diarrhée & la dyssenterie ; il détruit ordinairement ces deux maladies, si on a l'attention de faire précéder une diete mucilagineuse & des lavemens adoucissans. M. *Vitet.*

Le quinquina se donne au bœuf, au cheval & à la brebis, incorporé avec du miel, depuis deux onces jusqu'à quatre, & en infusion dans l'eau ou dans le vin, depuis trois onces jusqu'à demi-livre, sur une livre & demi de fluide aqueux ou spiritueux.

A la place du quinquina, servez-vous de l'écorce de saule, à qui on attribue la même vertu.

Suspend les diarrhées dépendantes du relâchement des intestins, diminue la quantité de pus qui s'écoule des grands ulceres intérieurs ou extérieurs ; en lotion il déterge les ulceres vermineux & trop abondans en matiere purulente. M. *Vitet.*

N'appliquez jamais l'amadou sur l'ouverture d'une artere sans avoir nettoyé & séché exactement la plaie, & vous être rendu maître du sang, s'il est possible, avec le tourniquet, ou une simple ligature autour de la partie affectée : dès que vous aurez placé l'amadou, maintenez-le par un fort bandage compressif, & ne lâchez que peu à peu le tourniquet ou la ligature : ces précautions sont indispensables pour arrêter des hémorragies considérables.

L'agaric préparé jouit des mêmes qualités que l'amadou.

S'oppose à la sortie du sang, mais simplement sur des arteres d'un calibre médiocre, & avec beaucoup de précaution. M. *Vitet.*

Prenez de craie blanche réduite en poudre subtile demi-once, délayez-la dans demi-livre d'infusion de racine d'angélique ou d'eau miellée; donnez-la en breuvage au bœuf ou au cheval le matin à jeun; ne donnez que le quatrieme de cette dose au poulain & au veau âgé de trois ou quatre mois.

Deux dragmes de craie pulvérisée avec demi-dragme de camphre, incorporée avec le miel pour un bol matin & soir; donnés au poulain & au veau âgés d'un an, les guérissent de la diarrhée & des convulsions entretenues par des matieres acides.

Ce remede convient dans la diarrhée où les matieres rejettées ont une odeur aigre. M. *Vitet.*

L'alun se prescrit au cheval & au bœuf en breuvage dans un véhicule resserrant & mucilagineux, depuis une dragme jusqu'à deux, sur une livre & demi d'eau miellée ou d'infusion de feuilles de sanicle.

Saupoudrez d'alun brûlé, toutes les vingt-quatre heures, les ulceres dont les chairs sont fongueuses ou éminentes, & dont le pus, quoique louable, est très-abondant.

Est le plus fort resserrant pour les bestiaux, arrête les hémorragies, suspend la diarrhée, & diminue les évacuations extérieures.

Prenez une livre de limaille d'acier, du bon vin généreux six livres ; fermez le tout exactement dans une bouteille, que vous exposerez à la chaleur d'une étuve pendant huit jours, ensuite vous la mettrez dans une cave d'une chaleur tempérée pendant deux mois ; transvasez, vous aurez un vin ferrugineux, que vous pouvez donner au bœuf & au cheval depuis demi-livre jusqu'à une livre par jour.

Fortifie les tuniques relâchées & peu sensibles des premieres voies, & augmente le cours du sang & des urines. M. *Vitet.*

Donnez le safran de mars de Lemeri au bœuf & au cheval, depuis demi-once jusqu'à une & demi, & à la brebis depuis deux dragmes jusqu'à demi-once, dans une infusion de racine de gentiane ou d'angélique, *id.* Le safran de mars vitriolique :

Arrête les diarrhées séreuses, accélére le pouls, ranime les fonctions vitales. M. *Vitet.*

On donne la teinture de mars tartarisée, mêlée avec du vin ou de l'eau-de-vie, au bœuf & au cheval, depuis deux onces jusqu'à quatre par jour.

Ce remede est encore meilleur que le vin saturé de limaille d'acier. M. *Vitet.*

L'infusion de la boule d'acier dans l'eau-de-vie ou dans le vin, est bonne pour les plaies récentes, les contusions & autres affections superficielles ; intérieurement il faut prescrire la même dose que la teinture de mars.

Jouit pour l'intérieur des mêmes propriétés que la teinture de mars. M. *Vitet.*

Introduisez quelques gouttes de baume d'éguille dans les ulceres sinueux, lubrifiez-en les plumasseaux d'étoupe, & appliquez sur les parois insensibles des ulceres fanieux ; plusieurs en frottent avec force les parties affectées depuis long-tems de douleur & de foiblesse.

Maniere d'administrer les Médicamens aromatiques.

Prenez une poignée de fleurs de camomille romaine, deux livres d'eau ; faites macérer au bain-marie pendant une heure ; passez, exprimez, & donnez-la en breuvage au bœuf & au cheval le matin à jeun, & en lavement pour les coliques venteuses.

On peut l'appliquer en cataplasme pour dissiper les duretés des mamelles, occasionnées par la dépravation du lait.

On peut se servir de l'huile de camomille pour combattre les tumeurs insensibles & dures, les mouvemens spasmodiques, les douleurs de rhumatisme :

Rétablit l'appétit de l'animal dégoûté. M. *Vitet.*

Les fleurs & les feuilles de sauge sont d'usage en infusion dans de l'eau, du vin ou du vinaigre pour fomenter, laver, injecter, donner en breuvage ou en lavement ; se donnent aussi en poudre incorporée avec le miel ou l'extrait de genievre ; en décoction avec du vinaigre pour parfumer les écuries & les bestiaux ; on en fait des cataplasmes avec suffisante quantité de vin ou du vinaigre, pour appliquer sur les parties affectées ; on l'ordonne au bœuf & au cheval depuis une poignée jusqu'à deux sur deux livres de fluide, & la moitié pour la brebis.

Les feuilles mêlées avec l'eau-de-vie fortifient, échauffent, reveillent le sentiment & l'action des parties attaquées de paralysie ou de stupeur : & dissipent souvent les tumeurs molles & récentes qui viennent aux articulations.

Utile dans les maladies soporeuses & dans la perte ou diminution de différens organes, & les ligamens distendus ; dissipe les tumeurs qui viennent pendant les chaleurs de l'été ; s'oppose aux inflammations & aux ravages des ulceres sanieux. M. *Vitet.*

Le suc des feuilles de rue édulcoré avec du miel, se prescrit au cheval & au bœuf depuis demi-livre jusqu'à une livre, & à la brebis depuis deux onces jusqu'à quatre assaisonné avec du sel ; ou bien donnez les feuilles en infusion dans l'eau, le vin, le vinaigre, ou l'eau-de-vie pour breuvage, en lavement, en lotion & en vapeurs ; vous pouvez en faire des cataplasmes, qu'il faut changer toutes les six heures :

Ranime avec force les fonctions vitales sans beaucoup échauffer, dissipe les coliques venteuses, rétablit les fonctions digestives ; en cataplasme, s'oppose au progrès de la gangrene, favorise la chûte de la partie morte, attire une louable suppuration dans les plaies faites par l'extirpation des tumeurs contagieuses, contribue à la résolution des tumeurs articulaires sensibles & molles, & à celles des mamelles produites par le séjour ou l'altération du lait. M. *Vitet.*

La dose des baies de laurier en breuvage ou en lavement, est depuis une once jusqu'à trois, sur une livre & demi de fluide pour le bœuf & le cheval.

Les baies de laurier triturées avec du vin jusqu'à consistance pulpeuse, forment un cataplasme plus propre à résoudre les tumeurs insensibles & molles, & à augmenter la sensibilité & la force des muscles & des autres parties du corps, que l'huile de laurier, si usité chez les maréchaux.

Dissipe les coliques flatueuses, augmente la vélocité du sang.

La dose des baies de genievre en infusion dans l'eau ou le vin, est, pour le bœuf & le cheval, depuis deux onces jusqu'à quatre, sur trois livres de fluide aqueux ou spiritueux.

L'extrait de genievre seul ou mêlé avec de la racine de gentiane, l'emporte sur la thériaque : la dose est depuis demi-once jusqu'à trois pour le bœuf & le cheval, & depuis demi-once jusqu'à une once pour la brebis.

Restaure les forces languissantes de l'animal affoibli par les maladies ou par un pâturage trop humide, favorise les médicamens urinaires dans l'hydropisie, augmente l'appétit du malade, calme la diarrhée dépendante de la foiblesse, de la tunique musculaire des intestins, & dissipe les coliques venteuses. M. *Vitet*.

La racine de gentiane se prescrit en infusion dans de l'eau ou du vin pour le cheval ou le bœuf, depuis une once jusqu'à deux, sur deux livres & demi de fluide aqueux ou spiritueux ; ou bien on la pulvérise & on l'incorpore avec l'extrait de genievre, & on la donne depuis une once jusqu'à trois pour le bœuf & le cheval, & depuis deux dragmes jusqu'à demi once pour la brebis.

Excite l'appétit, ranime les forces, échauffe beaucoup, est bonne pour les maladies du foie de la brebis, & est d'un grand secours pour les diarrhées produites par la foiblesse des intestins. M. *Vitet*.

La gomme ammoniac incorporée avec suffisante quantité de miel pour faire des bols, se donne au cheval & au bœuf depuis une once jusqu'à une once & demi, & à la brebis depuis une dragme jusqu'à trois.

Mêlée avec quantité de savon blanc, facilite la résolution des tumeurs formées par un dépôt de gourme, & est efficace dans les maladies du foie.

Réduite en consistance de miel avec du vin ou du vinaigre aromatisé, résout les tumeurs dures des glandes du cou, ou y établit une suppuration avantageuse.

A réussi plusieurs fois dans la pousse. M. *Vitet*. L'encens ou l'oliban est bon pour parfumer les écuries.

Prenez de camphre demi dragme, de nitre une dragme, de miel quantité suffisante pour un bol; donnez-le au bœuf ou au cheval attaqué d'inflammation de poitrine, trois ou quatre fois par jour; la dose pour le cheval est depuis demi dragme jusqu'à une, pour le bœuf depuis vingt grains jusqu'à quarante, & pour la brebis depuis dix grains jusqu'à vingt-cinq. Doses que vous pouvez réitérer trois ou quatre fois par jour: faites boire après de l'eau miellée, de l'eau blanche, ou de l'eau blanche nitrée.

L'eau-de-vie camphrée est extérieurement d'une grande efficacité pour dissiper les accidens qui naissent d'une contusion, d'un effort ou d'une distension violente des ligamens & des muscles, pour prévenir la gangrene & s'opposer à son progrès, borne les ulceres des jambes qui tendent vers la putridité, & résout les inflammations superficielles & récentes.

Ranime les forces vitales, facilite l'éruption de la clavelée & des tumeurs contagieuses, oblige la nature dans les fievres malignes à faire ses efforts pour chasser la matiere morbifique; en général plus utile au bœuf qu'au cheval, & très-souvent nuisible à la brebis. M. *Vitet*.

Le vin se donne en breuvage au cheval & au bœuf depuis une livre jusqu'à deux le matin & autant le soir; on peut aller jusqu'à six livres par jour.

Ranime les sens engourdis & les forces vitales, réveille l'appétit & hâte la digestion.

Appliqué extérieurement, seul ou avec du miel, il déterge les ulceres abondans en pus aqueux & garnis de bonnes chairs, il consolide les plaies récentes & peu étendues; mêlé avec des plantes aromatiques, il fortifie les muscles & les ligamens qui ont souffert; avec des plantes astringentes, il répercute avec force les inflammations récentes.

On se sert de l'eau-de-vie dans les maladies de foiblesse où le vin ne produit aucun effet sensible; son usage extérieur est très-étendu; c'est un des meilleurs topiques pour les blessures récentes, arrête le progrès de la carie, déterge les ulceres & consolide les ulcérations des tendons &c.; dissipe les violentes contusions, les inflammations légeres, borne la gangrene & mondifie les ulceres contagieux de la bouche.

La dose de l'eau-de-vie est pour le bœuf & le cheval languissans, depuis demi-livre jusqu'à une livre, & pour la brebis depuis deux onces jusqu'à quatre.

Il faut appliquer les plumasseaux imbibés d'esprit de vin sur les parties cariées ou ulcerées, & les arroser trois ou quatre fois par jour sans découvrir l'ulcere ou la carie, & ne les changer que toutes les vingt-quatre heures : l'eau-de-vie doit tenir lieu souvent d'esprit de vin.

Ranime les sens engourdis & les forces vitales & musculaires, réveille l'appétit & hâte la digestion.

Maniere d'administrer les Médicamens inflammatoires.

Les précautions qu'il faut prendre pour favoriser la réussite des médicamens inflammatoires, se réduisent à couper le poil de la portion des tégumens sur laquelle vous voulez les appliquer, & y faire des frictions légeres & continuées, pour y déterminer une grande quantité d'humeurs, & à rendre la peau plus souple par des cataplasmes mucilagineux, & la tenir fort chaude lorsque les inflammatoires y sont appliqués.

A cet effet, appliquez l'onguent de scarabées ou de mouches cantharides sur la partie; couvrez l'onguent ou le cataplasme d'un linge bien chaud & d'une peau d'agneau; maintenez-le avec un bandage; laissez-le pendant vingt-quatre heures & , ne donnez à l'animal pour boisson & nourriture, que l'eau blanchie nitrée.

Si au bout de vingt-quatre heures la partie n'est pas ulcerée, réiterez une nouvelle application, que vous laisserez vingt-quatre heures au cheval, & trente-six heures au bœuf, & douze heures à la brebis : l'ulcération sera établie au bout de ce tems & la suppuration abondante; sinon réitérez encore l'application.

Dès que l'ulcere produit beaucoup de pus & qu'il est douloureux, pansez-le avec le miel & le jaune d'œuf; & lorsque vous jugerez à propos de le consolider, employez l'onguent digestif, plus ou moins animé d'eau-de-vie; & il conduira l'ulcere à parfaite cicatrice : il ne faut pas appliquer ces remedes à l'œil, aux orifices extérieurs des naseaux, aux parties de la génération, ni aux mamelles.

Ce remede est très-bon dans toutes les maladies inflammatoires avec éruption, dès qu'elle menace de disparoître ou disparoît avant le tems dans les tumeurs farcineuses; & les dépôts produits par la gourme, aussi-tôt qu'elles sont répercutées & occasionnent des accidens fâcheux.

Dans les maladies fébriles, aigues, avec foiblesse des forces musculaires : dans ce cas l'application s'en fait aux jambes antérieures ou postérieures.

Dans les maladies inflammatoires internes dont la résolution est difficile, sur la partie la plus éloignée de l'endroit affecté, & quelquefois sur l'endroit affecté.

Dans l'inflammation des yeux, entre les

deux angles de la mâchoire postérieure ou au-dessous des oreilles.

Dans les maladies douloureuses entretenues par une humeur hétérogene, sur l'endroit affecté.

Dans les maladies de foiblesse, sur les parties privées de sentiment & de mouvement.

Dans les maladies soporeuses, sur la superficie interne des cuisses, quand même il y auroit transport.

Appliquez ce remede sur le vessigon, les éponges, les mollettes & autres tumeurs de cette nature.

N'appliquez point ce remede dans les fievres où la langue est aride, la bouche séche, les crotins desséchés & le mouvement du cœur fort & fréquent, ni dans les affections soporeuses avec fievre ardente & coup donné sur la tête, ni dans les affections inflammatoires de l'abdomen.

Ne l'appliquez jamais sur les tumeurs inflammatoires des glandes, sur les dartres & les tumeurs œdémateuses. M. *Vitet*.

Maniere de faire un cautere ou un séton avec le sublimé corrosif, ou l'ellébore blanc.

D'abord ne les placez que sur les tégumens qui forment le fanon du bœuf, les parties lattérales de la croupe, la face externe des cuisses, *exemple* :

Faites au bas du poitrail une section longue d'un pouce & demi, qui pénétre jusqu'au qu'au tissu cellulaire des tégumens ; dégagez du tissu cellulaire des tégumens un des bords de la plaie ; placez dans le tissu cellulaire de la plaie, un morceau de racine d'ellébore blanc, de la grosseur d'une amande, ou demi-dragme de sublimé corrosif enveloppé d'un peu de coton cardé ; fermez la plaie avec une épingle qui en traverse les deux bords, & que vous maintiendrez avec deux ou trois crins de la queue du cheval ; laissez la plaie fermée jusqu'à ce qu'il s'y soit accumulé une suffisante quantité de pus ; alors rétirez l'épingle, ce qui arrive ordinairement au bout de quinze ou vingt-quatre heures pour le sublimé corrosif, & de trente-six ou quarante-huit heures pour la racine d'ellébore ; ensuite pansez l'ulcere avec des substances convenables à l'indication ; pour entretenir une abondante suppuration, avec l'onguent de scarabées ; & s'il faut la diminuer, avec le digestif simple.

N'employez jamais le sublimé corrosif pour la brebis, & soyez-en avare pour le cheval & le bœuf. M. *Vitet*.

Maniere de faire un séton avec les crins.

Percez les tégumens du poitrail du cheval, de la brebis, & le fanon du bœuf, avec une grosse aiguille enfilée de sept à huit crins imbibés d'onguent de scarabées ; renouez trois ou quatre fois par jour cette espece de corde, & oignez-la d'onguent de scarabées, dès qu'il ne sort plus de matieres purulentes.

L'effet de ce séton est si avantageux, que dans toutes les especes d'épidémies, on a rarement vu des bœufs & des chevaux pourvus de séton, attaqués de la peste. M. *Vitet.*

Maniere d'administrer les Médicamens caustiques.

Prenez d'arsénic blanc en poudre, de chaux vive, de chacun demi-livre, mêlés exactement; ajoutez du miel pour former un onguent, que vous appliquerez sur l'ulcere farcineux tant qu'il fournira des chairs fongueuses; dès qu'il n'en paroîtra plus, pansez l'ulcere avec l'onguent égyptiac.

Prenez trente parties d'eau & une d'arsénic en poudre subtile; faites bouillir le tout jusqu'à parfaite solution; prenez une éponge, que vous imbiberez de cette eau, & que vous tiendrez avec un gand pour en frotter les parties du cheval ou du bœuf affectées de gale.

Après avoir rasé la partie sur laquelle vous voulez appliquer la pierre infernale ou la pierre à cautere, adaptez-y un emplâtre fenêtré, composé de poix navale & d'argile tamisée; la fenêtre doit être proportionnée à la grandeur de l'escarre que vous voulez former, & y placer le caustique couvert d'étoupe cardée, avec une compresse par-dessus maintenue par un bandage;

regardez-en toutes les heures les effets, & dès que le cauſtique ſera devenu liquide, levez l'appareil pour en faciliter la ſolution; humectez l'endroit où vous vous propoſez de l'appliquer.

L'uſage des cauſtiques eſt bien borné; à peine conviennent-ils pour détruire les chairs fongueuſes des ulceres, ou pour ouvrir une ou deux eſpeces d'abcès, comme la tumeur glanduleuſe peu ſenſible, qui ſe termine lentement, & fait craindre des ſinus & des fiſtules. M. *Vitet.*

Maniere d'adminiſtrer les Médicamens rafraîchiſſans, répercuſſifs, aſtringens.

Prenez ſix livres de feuilles d'oſeille; exprimez-en le ſuc & mêlez-le avec quinze ou vingt livres d'eau.

Eſt utile au commencement des maladies inflammatoires de la tête, des viſceres, de l'abdomen & de la veſſie; prévient le penchant qu'ont les humeurs vers la putridité, & n'irrite point l'eſtomac & les inteſtins du cheval. M. *Vitet.*

Prenez des feuilles récentes d'oſeille; broyez-les juſqu'à conſiſtance pulpeuſe; paſſez à travers un tamis, & vous aurez une pulpe que vous pourrez appliquer en cataplaſme.

Convertit promptement les tumeurs inflammatoires en abcès. M. *Vitet.*

Donnez la crême de tartre en ſolution dans l'eau blanchie ou dans l'infuſion de racine de guimauve, ou pulvérisée en bol avec le miel; si vous en prescrivez une quantité au-dessus de trente-six grains, qui est ce que peut tenir en solution une livre d'eau au dixieme degré de chaleur au-dessus de la glace.

Utile dans les maladies inflammatoires du bœuf & pestilentielles, accompagnées de chaleur d'entrailles & de difficulté d'uriner; n'irrite ni l'estomac, ni les intestins: les succès sont presque assurés dans les maladies où les humeurs tendent vers la putridité. M. *Vitet*.

Il faut mêler le vinaigre avec de l'eau & du miel, à la dose d'une livre sur quinze ou vingt livres d'eau, & demi-livre ou une livre de miel pour le bœuf; vous doublerez la dose du miel pour le cheval, & vous le donnerez en breuvage ou en lavement.

S'oppose au progrès des maladies putrides, tempére le sang, dans les maladies inflammatoires, calme la soif; quelquefois il corrige les humeurs dépravées par le virus pestilentiel. M. *Vitet*.

Prenez une livre de miel, six onces de céruse réduite en poudre subtile; mêlez exactement ces matieres sur un porphire, vous aurez l'onguent blanc ou de céruse.

Répercute & adoucit l'âcreté du pus, desséche, contribue à la guérison des ulceres simples où le pus est abondant, & où il n'a pas assez de consistance pour cicatriser; tempére les ulceres avec chaleur & douleur. M. *Vitet*.

Le vinaigre de saturne se prescrit en injection & en fomentation.

Il rafraîchit, est plus résolutif & plus calmant que le vinaigre pur : servez-vous-en dans le commencement des tumeurs inflammatoires ; il adoucit les démangeaisons de la peau ; il résout l'inflammation récente du scrotum, de la vulve & des paupieres ; dissipe les accidens des brûlures récentes & superficielles. M. *Vitet.*

Introduisez quelques gouttes d'esprit de sel dans les scarifications faites sur la partie gangrenée ; touchez-en deux fois par jour les chairs fongueuses, ou les parois de l'ulcere putride.

Borne les progrès de la gangrene, détruit les chairs fongueuses & les parois des ulceres putrides. M. *Vitet.*

On se sert assez communément de l'eau forte, dont on touche tous les jours les chairs fongueuses & les excroissances, jusqu'à ce qu'il se forme un escarre, dont la chute entraîne les parties nuisibles.

Mêlez de l'acide vitriolique avec l'eau, jusqu'à agréable acidité.

Il passe pour rafraîchir, tempérer & s'opposer à la putridité des humeurs, avec plus d'efficacité que le vinaigre & la crême de tartre. M. *Vitet.*

Formez une liqueur avec deux onces d'esprit de vitriol, trois onces d'eau tenant en solution deux onces de miel.

Lavez-en les ulceres de la bouche, & autres parties du corps. M. *Vitet.*

Maniere d'administrer les Médicamens mucilagineux, tempérans, adoucissans, muqueux, relâchans, aqueux, émolliens, huileux.

Pilez les feuilles de laitue fraîches, exprimez, & donnez-en le suc à la dose de six livres, soit en breuvage, soit en lavement, au bœuf & au cheval.

Les feuilles fraîches & triturées, forment un cataplasme convenable pour les tumeurs inflammatoires, qu'on ne craint pas de répercuter.

Donnez des feuilles de laitue au bœuf & au cheval avec un peu de vinaigre, de sel & d'huile; c'est un moyen facile & agréable pour réveiller l'appétit du bœuf & du cheval dégoûté.

Ce remede convient dans le cas où l'animal est tourmenté d'une grande soif, où il a la bouche échauffée & les visceres de l'abdomen enflammés. M. *Vitet.*

Prenez quatre pommes rainettes cuites à la braise, de l'eau huit livres, faites infuser pendant une heure; passez, & donnez ce breuvage au bœuf & au cheval: vous pouvez réitérer deux ou trois fois par jour, & l'édulcorer avec du miel, si l'animal y répugne.

Ce breuvage est rafraîchissant, augmente les urines & calme les symptômes de l'inflammation. M. *Vitet.*

Vous pouvez faire boire au cheval &

au bœuf jufqu'à douze à quinze livres de lait par jour, à la brebis & à la chevre quatre à cinq livres, & du petit lait dix à douze livres: une livre fuffit pour purger toute grande brebis, & demi livre pour une petite.

Le lait convient dans les fuppurations louables & abondantes, où il s'agit de reftaurer l'animal dans les violentes toux. M. *Vitet*.

On donne le lait en lavement, à la dofe de fix livres pour le cheval & quatre pour le bœuf, à proportion pour la brebis.

Nourrit, calme les vives douleurs qui ne font pas accompagnées d'inflammation. M. *Vitet*.

On s'en fert en injection, en fomentation & en cataplafme avec de mie de pain.

On fe fert du petit lait en breuvage.

Rafraîchit, adoucit & nourrit le bœuf & le cheval durant les plus grandes chaleurs de l'été; appaife la foif vive & l'inflammation confidérable; excite le cours des urines; combat les maladies des uretheres & de la veffie accompagnées d'inflammation.

Ne donnez jamais que de l'eau tiede dans les maladies inflammatoires & fébriles; & pour les autres maladies, proportionnez la chaleur de l'eau à celle de l'animal: plus l'animal eft échauffé, plus vous devez augmenter la chaleur de l'eau.

Les vapeurs de l'eau bouillie avec des feuilles de mauve ou de pariétaire, adoucissent la toux & les autres maladies de poitrine.

En un mot, l'eau d'une chaleur tempérée, rélativement au corps de l'animal, sous quelque forme qu'on la prescrive, ne peut jamais causer des accidens fâcheux.

Prenez de racine de guimauve demi-livre, d'eau douze livres; faites infuser pendant deux heures, & passez pour un breuvage : si le cheval & le bœuf le répugnent, ajoutez-y deux onces de miel, & un peu de sel marin pour la brebis, qui ne doit en boire qu'une livre par jour.

Cette infusion donnée en lavement, peut être réitérée sept ou huit fois par jour au cheval attaqué de dyssenterie, & pour le moins cinq fois au bœuf.

Calme l'inflammation des visceres, surtout de l'estomac & des intestins; elle peut servir de boisson dans les maladies fébriles & douloureuses.

Servez-vous de la décoction d'orge en injection & en lavement, édulcorée avec du miel : *déterge les ulceres profonds, douloureux & de bonne qualité.*

Prenez une forte poignée de farine d'orge avec douze livres d'eau tiéde, & servez-vous-en en forme de tisane.

Il faudroit fonder la diete des animaux dans les maladies inflammatoires, aigues ou fébriles, sur la farine d'orge délayée : elle rafraîchit, adoucit & tempére, de même que la décoction, dont on peut se servir comme de la farine délayée. M. *Vitet.*

Prescrivez l'avoine de la même manière que l'orge. M. *Vitet* fait un observation bien essentielle, qui est que le bœuf & le cheval qui séjournent dans l'écurie ou dans les champs, ne doivent jamais manger d'avoine si on veut les conserver en parfaite santé, quoique la coutume soit contre cet avis; & ne conseille de donner de l'avoine qu'au bœuf & au cheval excédé de fatigue.

Elle nourrit & échauffe l'animal, & anime l'un & l'autre.

La dose ordinaire de la farine ou du son de froment, varie selon l'espece de la maladie &c.; la dose du son pour faire l'eau blanche, est d'une livre sur dix à douze livres d'eau; ajoutez-y de la farine de froment si vous avez envie de rendre l'eau blanche nutritive: on peut la donner en breuvage & en lavement.

Rafraîchit beaucoup, tempère l'ardeur des intestins & des visceres voisins, & nourrit. *M. Vitet.*

Le levain tempère la chaleur d'une tumeur inflammatoire, & convertit promptement la tumeur en abcès: il est préférable aux graisses, aux huiles, &c.

Prenez de racine de réglisse mondée & concassée une livre, versez dessus d'eau bouillante douze livres; laissez reposer le tout sur les cendres chaudes pendant une heure; passez pour un breuvage, que vous pouvez réitérer trois fois par jour, pour les affections cutanées.

L'infusion destinée à laver les parties extérieures, doit être plus saturée de réglisse, c'est pourquoi au lieu d'une livre il en faut trois.

Calme la toux, facilite l'évacuation des matieres par les naseaux du cheval attaqué de gourme ; mais sa principale qualité est de favoriser la résolution des tumeurs qui tiennent du caractere de la dartre & de la gale : en boisson, & en lavant souvent de cette infusion la partié affectée, on est venu à bout de détruire les affections dartreuses qui avoient résisté aux traitemens ordinaires. M. *Vitet*.

Prenez du miel une livre, d'eau seize livres ; faites tiédir l'eau, mettez-y en solution le miel, & servez-vous en.

C'est la boisson qu'il faut prescrire dans les maladies inflammatoires de poitrine. M. *Vitet*.

Donnez le miel seul ou mêlé avec de l'avoine au bœuf & au cheval, à la dose de demi-livre matin & soir ; allez même jusqu'à une livre, si l'animal n'est pas échauffé.

Calme la toux, la pousse commençante & l'inflammation, lorsque l'animal commence à jetter par les naseaux. M. *Vitet*.

Prenez quatre onces de miel, deux livres de vin rouge ; mêlez-le dans un vase exactement fermé, que vous laisserez dans une étuve l'espace de six heures, vous aurez le vin miellé.

Bon pour laver les plaies récentes, & être injecté dans les ulceres profonds, & à servir de boisson à la dose d'une livre ou deux pour restaurer l'animal. M. *Vitet.*

Prenez deux livres de miel, une livre de vinaigre, que vous ferez cuire à un feu doux jusqu'à consistance de sirop : enlevez l'écume.

Trois ou quatre onces de ce mélange, délayé dans sept ou huit livres d'eau, forment une boisson rafraîchissante, qui calme la soif du bœuf & du cheval. M. *Vitet.*

Prenez des amandes douces, fraîches & dépouillées de leur écorce; triturez-les avec une petite quantité d'eau jusqu'à les réduire en pâte; augmentez peu-à-peu la quantité d'eau; passez ce mélange à travers un linge, & faites-en boire plusieurs fois par jour au bœuf ou au cheval.

On peut le donner en lavement dans les violentes inflammations des visceres de l'abdomen, & particulierement dans les maladies inflammatoires de la tête, & des organes sécretoires ou excrétoires de l'urine.

Pousse par les urines, tempére & adoucit dans les difficultés d'uriner causées par l'âcreté des urines ou par la constriction du sphincter dans les violentes coliques sans météorisme, qui sont causées par la présence d'un médicament irritant ou d'une plante vénimeuse. M. *Vitet.*

L'huile d'amande ne vaut pas plus que l'huile d'olive pris intérieurement & rancit plutôt; elle produit pourtant un bon effet en boisson & en lavement, mêlée avec de suie de cheminée pour détruire les vers.

On peut purger le bœuf avec l'huile d'olive & le cheval, à la dose de trois livres; en lavement à la dose de deux livres.

Bonne pour calmer la toux, les violentes coliques & les tenesme accompagné de dyssenterie ou de diarrhée, & surtout dans les coliques vermineuses. M. *Vitet.*

La graisse fraîche bien lavée & fondue au bain-marie, est préférable à l'onguent rosat, & a autant de propriété que le blanc de baleine, qui facilite l'expectoration & adoucit les ulceres douloureux.

On s'en sert en onction sur les parties douloureuses, hâte la suppuration, adoucit les grandes douleurs des ulceres superficiels, & s'oppose au dessechement de corne, surtout mêlée avec le miel.

Le mélange de farine d'avoine avec des jaunes d'œufs, forme un aliment capable de restaurer en très-peu de tems l'animal exténué par défaut de nourriture ou suite de maladie.

Le jaune d'œuf mêlé avec la farine de froment & l'eau, convient pour nourriture dans les diarrhées, les évacuations de sang, & abondantes suppurations.

Prenez une livre de miel, demi-livre de térébenthine; mêlez exactement, & vous aurez un digestif préférable en plusieurs cas à celui qu'on prépare avec le jaune d'œuf.

Fin de la Seconde Partie.

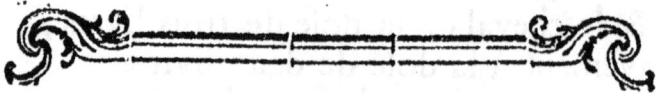

TABLE
DES CHAPITRES

Contenus dans la seconde Partie.

Observations Préliminaires. page 3
Observations générales concernant les maladies des Bestiaux. 10
CHAP. I. *Du Cheval & de ses maladies.* 18
CHAP. II. *Du Bœuf & de ses maladies.* 84
CHAP. III. *Des Bêtes à laine & de leurs maladies.* 143
CHAP. IV. *Des Boucs & Chevres, & de leurs maladies.* 171
CHAP. V. *Des Cochons & de leurs maladies.* 176
CHAP. VI. *De la Volaille & de ses maladies.* 185
CHAP. VII. *Etat des Médicamens convenables aux Animaux quadrupedes.* 192

Fin de la Table des Chapitres de la seconde Partie.

TABLE DES MATIERES.

A

Abcès, 114. 190. Abcès à la gorge. 149
Affections lunatiques. 34
Arrettes, *ou* Queues-de-rat. 67
Assoupissement causé par le soleil. 154
Atteinte. 82
Avant-Cœur. 52. 99
Avalure. 80
Avives. 36

B

Barbillon. 23
Barres blessées, *ou* Bouche entamée. *ibid.*
Bleime. 79
Beautés du Cheval. 19

C

Capelet. 67
Cataracte. 34
Charbon. 52. 108
Chancre. 117. 152
Cerise. 80
Clavin, Clavelu, 165
Constipation. 58. 154
Cors. 58
Courbe. 67
Courbature. 52
Ciron. 38
Crapaud. 73
Crapaudine. 69
Crampe. 62
Crévasses. 68
Corne rompue. 76
Clou de rue. 77
Coup à l'œil. 33

D

Dégoût. 24
Diarrhée. 49
Dyssenterie, *ou* Flux de sang. 51. 102
Démangeaison de la queue. 58
Dureté au chignon, *ou* Cors provenant de la foulure du joug. 97
Dessolure des Bêtes à corne. 121
Difficulté de respirer. 162

E

Ebulition. 54
Ecart. 59
Eaux des jambes. 66
Effort. 59
Ecorchure au cou. 98
Encartelure. 73
Enchevestrure. 63
Enflure, *ou* Œdeme, 113. 164. 174. 181. Enflure aux jambes, 63. Enflure des glandes du cou, 183.
Entorse. 68
Entretaillure. 72
Eparvin. 67
Erésipele, Feu sacré. 150
Erésipele contagieux. 151
Etranguillons. 95
Etourdissement. 32
Enclouure. 74
Epidémies. 121
Eponge. 34

F

Farcin. 47
Faim vorace. 189
Flegmon. 115
Fève *ou* Lampas. 22
Feu de St. Antoine. 156
Fic. 54
Fievre. 52. 184. Fievre continue simple, 87. Fievre maligne, *ibid*. Fievre putride, 89. 174. Fievre inflammatoire, 90. Fievre lente, 93. Fievre ou tremblement fébrile du pannicule charnu, 167.
Fluxion sur les yeux. 32
Flux de ventre, 188. Flux d'urine. 41
Forme. 71
Fortraiture. 45
Fourbure. *ibid.*
Fourmiliere. 81
Fracture. 58

G

Gale. 51. 112. 161. 184 190.
Ganglion. 82
Gangrene. 56
Garrot blessé. 57
Gourme. 24. 182
Grasfondure. 52
Goutte. 190
Gratelle. 170

TABLE DES MATIERES.

H

Hémorragie. 34
Hydropisie. 174

I

Jambes travaillées, foulées ou usées. 63
Javart. 69
Jauniſſe cauſée par les vers, 120. 158. Jauniſſe froide, 120. 158. Jauniſſe avec chaleur, 121. 159.
Indigeſtion. 181
Inflammation des poumons. 103

L

Ladrerie ou Lepre. 179
Léthargie. 184

M

Maniere d'engraiſſer un Cheval. 83
Mal ſec, 175. Mal aux yeux, 188. Mal de cerf, 35. Mal de feu, ou Mal d'Eſpagne, 31.
Maigreur par une eſpece de ver ſolitaire. 169
Malandres, ou Solandres. 64
Maladie pédiculaire. 163
Morfondure. 27
Mélancolie. 191
Morve. 28. 155.
Mules traverſieres. 62
Muſaraigne. 60
Mollete. 65
Mouche dans les narines. 98
Mue. 191

N

Nerferure. 73

O

Onglet. 96

P

Pareſſe de ventre. 188
Peigne. 78
Pépie. 187
Pieds Solbattus. 81

Piqûre ou Morſure de bêtes venimeuſes. 51. 103. 163.
Piſſement de ſang. 42. 100. 162.
Poiſon. 118. 157
Pouilleutement, ou Morſure par les poux. 54. 116.
Pouſſe. 44
Pourreaux. 69
Polype. 38

R

Rage. 49. 104.
Rate. (douleur de) 182
Rétention d'urine. 42. 110.
Rétention d'un corps étranger dans le goſier. 120
Rognon bleſſé. 58
Rot avec effort, 109. Rot ſans effort ſenſible pour vomir. 153

S

Scorbut. 37. 94. 169
Seime, Quarte. 78
Séparation de la corne du pied & chute des ongles. 117
Suros, Fuſées & Oſſelets. 64
Sortie involontaire de la langue. 39

T

Taches dans l'œil. 33
Taupe. 38
Mal de tête, 29. Mal de tête de contagion. 31
Teignes. 77
Tic. 23
Toux, 149. Toux ſéche. 87
Tournoyement, Vertige. 148
Tranchées, ou Coliques. 39. 98. 162.

V

Varices. 65
Vermines. 189
Veſſigon. 65
Verrues. 54
Vertige. 29
Vers des ongles. 116. 168.
Vomiſſement. 181
Ulcere. 55

Fin de la Table des Matieres.

TABLE des Médicamens convenables aux Animaux quadrupedes.

Purgatifs.
Manne. pag. 193
Séné. 194
Aloès. ibid.
Régule d'antimoine. 195
Kermès minéral. ibid.
Foie d'antimoine, ou *Crocus metallorum.* 196
Turbith minéral. ibid.
Mercure doux, *ou Aquila alba.* ibid.
Panacée mercurielle. ibid.

Médicamens Urinaires.
La racine de Patience. 197
Persil. ibid.
Térébenthine. ibid.
Savon. 198
Nitre. ibid.
Sel marin. ibid.
Eaux minérales. ibid.

Transpiratoires.
La racine d'Angélique. 199
Les Fourmis. ibid.
L'Alcali volatil. ibid.
La Suie de cheminée. 200

Masticatoires.
Racine de Pyrethre. 200
L'Assa-fœtida. ibid.

Détersifs.
Les feuilles de Tabac. ibid.
Fleur de Soufre. 201
Feuilles de Noyer. ibid.
Feuilles d'Absinthe. 202
Feuilles de Chélidoine. ibid.
Eau de chaux. ibid.
Verd-de-gris. 203
Sel vitriolique. ibid.
Pierre infernale. 204

Astringens, Vulnéraires, Absorbans, Cicatrisans, &c.
Sanicle. 204
Ipécacuanha. ibid.
Ecorce de Saule. 205
Quinquina. ibid.
Amadou. ibid.
Agaric. 206
Craie blanche. ibid.
Alun. ibid.
Limaille d'Acier. 207
Saffran de Mars. ibid.
Teinture de Mars. ibid.
Boule d'Acier. 208
Baume d'Aiguille. ibid.

Aromatiques.
Camomille. 208
Sauge. 209
Rue. ibid.
Bayes de Laurier. 210
Bayes de Genievre. ibid.
Racine de Gentiane. 211
Gomme Ammoniac. ibid.
Encens *ou* Oliban. 212
Camphre. ibid.
Vin. 213
Eau-de-vie. ibid.
Esprit-de-vin. 214

Inflammatoires.
Onguent de Scarabées. ibid.
Cauteres ou Sétons avec l'Ellébore ou le Sublimé corrosif. 216
Sétons avec les Crins. 217

Caustiques.
Arsénic. 218
Pierre infernale. ibid.

Rafraîchissans, Repercussifs, Astringens.
Oseille. 219
Crême de Tartre. ibid.
Vinaigre. 220
Céruse. ibid.
Vinaigre de Saturne. 221
Esprit-de-sel. ibid.
Acide vitriolique. ibid.
Esprit-de-vitriol. ibib.

Mucilagineux, Tempérans, Adoucissans, Muqueux, Aqueux, Emolliens, Huileux.
Laitue. 222
Pommes. ibid.
Le Lait. ibid.
Petit lait. 223
Eau. ibid.
Guimauve. 224
Orge. ibid.
Avoine. 225
Froment. ibid.
Levain. ibid.
Reglisse. ibid.
Miel. 226
Amandes douces. 227
Huile d'Amandes douces. ib.
Huile d'Olive. ibid.
Graisse fraîche. 228
Œufs. ibid.
Manière de faire un bon Digestif pour les plaies ibid.

Fin de la Table des Médicamens.

www.ingramcontent.com/pod-product-compliance
Lightning Source LLC
Chambersburg PA
CBHW051901160426
43198CB00012B/1695